천황의 하루

MEIJI TENNOU NO ICHINICHI
-Koushitsu System No Dentou To Genzai by Akemi Yonekubo
Copyright © 2006 by Akemi Yonekubo
Original Japanese edition published by SHINCHOSHA Publishing Co., Ltd.
All rights reserved.

Korean translation copyright © 2012 by Gimm-Young publishers, Inc.
Korean translation rights arranged with SHINCHOSHA Publishing Co., Ltd.
through Shinwon Agency Co.

오늘, 일본 황궁에서는 무슨 일이 있었나?

천황의 하루

요네쿠보 아케미

정순분 옮김

김영사

천황의 하루

지은이_ 요네쿠보 아케미
옮긴이_ 정순분

1판 1쇄 인쇄_ 2012. 12. 24
1판 1쇄 발행_ 2012. 12. 31

발행처_ 김영사
발행인_ 박은주

등록번호_ 제406-2003-036호
등록일자_ 1979. 5. 17.

경기도 파주시 문발동 출판단지 515-1 우편번호 413-756
마케팅부 031) 955-3100 편집부 031) 955-3250 팩시밀리 031) 955-3111

값은 뒤표지에 있습니다.
ISBN 978-89-349-6125-3 03910

독자 의견 전화_ 031) 955-3200
홈페이지_ www.gimmyoung.com
이메일_ bestbook@gimmyoung.com

좋은 독자가 좋은 책을 만듭니다.
김영사는 독자 여러분의 의견에 항상 귀 기울이고 있습니다.

가사이 도라지로, 〈메이지 천황 일가〉, 1900년, 다색석판화, 45.5×61.9cm

머리말

최근 일본에서는 황실전범皇室典範 개정 논쟁과 마사코雅子 황태자비의 건강 문제가 크게 불거지면서 황실이 나아갈 방향에 대한 논란이 가속화되고 있습니다.

그런 와중에 새로운 시대에 맞도록 황실의 공무公務를 궁내청宮內廳(황실에 관한 사무를 보는 관청으로 1949년에 궁내성宮內省에서 궁내청이 되었다)과 상의하여 모색하겠다고 하는 황태자의 발언도 있었고, 이와 관련해서 천황과 둘째 황자인 후미히토秋篠宮도 각각의 입장을 표명했습니다. 과연 황족에게 공무란 무엇이고, 그들에게 공적 생활과 사적 생활의 구분은 있는가 하는 문제는 지금도 의견이 분분합니다. 많은 식자들이 황족도 일반인과 마찬가지로 사생활이 있어야 한다고 하며 대부분의 사람들도 이러한 견해를 지지하고 있습니다.

그런데 원래 일본어에서 '공公'이라는 말은 천황가나 천황 자신을 가리키는 것이며, 천황의 존재 자체가 공적인 것이라는 인식이 있었습니다. 본래 일본어 뜻으로 보면 천황은 다른 일반인들과는 단절된 존재이며 그 생활을 공적인 것과 사적인 것으로 나눌 수 없습니다.

현대적인 사고방식으로 오래전부터 내려온 전통을 바꾸려고 하면 불협화음이 나기 마련입니다. 예컨대 아악을 도레미파 음계 악보에 그려 연주해도 아악 고유의 음을 재현하기는 어렵습니다. 현재의 일본 황실에 관한 문제도 마찬가지입니다. 현대적인 사고방식만으로는 대처할 수 없기 때문에 문제가 자꾸 발생하는 것이 아니겠습니까.

황실의 좋은 전통을 고수하면서 거기에 유연성을 도입하려는 시도 자체가 도리어 많은 문제를 야기하는 것이 아닐까 합니다. '전통'과 '혁신', 이 상반된 개념을 동시에 만족시키기는 매우 어렵습니다. 최근 마사코 황태자비가 적응장애로 장기 요양에 들어가 외부 활동을 전혀 하지 않는 것은 그 대표적인 예라고 하겠습니다.

그런데 이런 문제가 최근에만 발생한 것은 아닙니다. 근대화가 시작된 메이지明治 시대부터 황실이 안고 온 문제입니다. 메이지 천황을 중심으로 한 당시의 황실도 현재의 황실과 마찬가지로 '혁신'과 '전통' 사이에서 갈등하였습니다. 메이지 천황은 교토 궁궐에서 도쿄로 천도하면서 당시 폐습이었던 여관제도를 개혁하고자 했습니다만 결국 형식적인 개혁에 그치고 말았습니다.

이와 같은 상황은 메이지 황실에서 끝난 것이 아닙니다. 그후의 다이쇼大正 황실과 쇼와昭和 황실에서도 개혁을 위한 갖가지 정책을 실시했습니다만 전통에 얽매인 황궁 시스템을 바꾸는 데에는 실패했습니다. 그러면 이렇게 많은 사람들이 노력했음에도 왜 황궁의 시스템을 바꾸지 못한 것일까요. 현재의 황실 문제와도 관련된 이 질문의 해답을 구하기 위해서는 메이지 황실의 모습부터 구석구석 살펴볼 필요가 있습니다.

그래서 이 책에서는 메이지 황궁에서 생활한 천황을 비롯해서 그를 보좌한 여관과 시종들의 평범한 하루를 살펴보고자 합니다. 왜 '평범한 하루인가'라는 의문을 가질 수도 있습니다만 전쟁과 같이 특수한 상황에서는 그 모든 것이 예외적이고 비정상적입니다. 평범한 황궁의 일상에서야말로 제대로 된 황궁 시스템이 보이지 않을까요. 특히 나이기內儀라고 불리는 여관들이 일한 공간이 매우 중요합니다. 나이기는 천황의 사적 공간으로 일상생활을 하던 곳이기 때문입니다.

아울러 이 책에서는 메이지 황궁의 하루를 구체적으로 재구성하기 위해 메이지 천황을 직접 보좌한 사람들의 회상록이나 수기를 인용하고 있습니다. 그중에서 《메이지 천황기 담화기록집성》(이하 《담화기록집성》)의 본문 인용이 이 책의 핵심입니다. 이 《담화기록집성》에는 황실편집국이 《메이지 천황기》의 집필을 위해 인터뷰한 내용들이 가감 없이 그대로 게재되어 있습니다.

메이지 천황을 직접 보좌한 사람들의 회상록이나 수기 속의 인터뷰는 황궁에 대한 여러 가지 상황을 생생하게 전해주기 때문에 그 내용을 인용할 때는 최대한 원문 그대로 옮기고자 노력했습니다. 그들의 증언은 독자 여러분이 황궁 특유의 언어나 관습, 예법 등을 이해하는 데 많은 도움이 될 것입니다.

서두가 길어졌습니다만, 지금부터 메이지 천황의 하루 일과를 소개하겠습니다.

요네쿠보 아케미

차
례

머리말 6

메이지 천황(明治天皇, 1852~1912)

일본의 제122대 천황(재위 1867~1912)으로 본명은 무쓰히토睦仁다. 고메이 천황孝明天皇(1831~ 1866)의 둘째 아들로 1867년 열다섯에 즉위하여 왕정복고를 이룩하고, 도쿠가와 막부를 타도하고 이른바 메이지 유신에 성공했다. 1872년 학제學制 개혁을 비롯하여, 징병제 실시, 국회 개설, 헌법 의 반포 등 일련의 개혁을 통해 천황을 정점으로 하는 절대주의적 천황제 국가의 기틀을 닦았다. 특히 천황의 국가통치 대권·육해군 통수권을 제국헌법에 명기했고, 천황이 국민도덕의 중심임을 밝힘으로써 천황제 국가를 유지하는 양대 이념으로 삼았다. 재위 45년간 청일전쟁, 러일전쟁에서 승리했고, 한국을 합병하여 강대한 제국주의 국가의 기틀을 다졌다.

＊본문 중 괄호 안의 용어 설명은 독자의 이해를 돕기 위한 옮긴이의 주석입니다.

나이기의 긴 아침

1

황실의 하루는 '오히루'부터

메이지 천황의 여관女官(궁중에서 천황, 황후, 황태자 등을 시중들던 여자)이었던 야마카와 미치코山川三千子에 의하면 천황의 하루는 매우 규칙적이었다.

전하의 기상 시간은 평일은 오전 8시였습니다. 미코시실御格子の間(침실)에 숙직한 권전시가 "오히—루(기상)"라고 낭랑한 목소리로 외치면 그때부터 모든 사람들의 활동이 시작되었습니다.

_《여관女官》

메이지 천황의 미코시실에는 교대로 한 사람씩 권전시權典侍(여관의 직급에 대해서는 25쪽 참조), 즉 후궁여관お后女官(천황의

잠자리를 보필하는 여관)이 숙직했는데 천황의 기상은 이 권전시로부터 옆방의 숙직여관을 거쳐 다른 여관들에게 입에서 입으로 전해지도록 되어 있었다. 이때 전시典侍에게는 "아룁니다. 기상이라고 하옵니다"라고 하고, 장시掌侍나 권장시權掌侍에게는 "아룁니다. 기상이옵니다"라고 하여 듣는 사람의 신분에 따라 그 말이 달라졌다. 여관들의 높고 낭랑한 목소리가 메아리처럼 나이기內儀(천황의 사적 공간이자 여관들이 일하는 공간) 안에 울려퍼지면 그다음은 두 갈래로 나뉘어 온 궁전 안에 전달되었다. 한쪽은 여유女孺나 잡사雜仕와 같은 하급 궁녀들에게 전해지고, 다른 한쪽은 '밖表(천황이 낮에 공무를 수행하는 곳. 천황이 밤에 휴식을 취하는 곳은 '안裏'이라고 하여 구분한다)'으로 전해졌다. 이렇게 복잡한 과정을 거치는 이유는 나이기에서는 모든 사람의 신분이 정해져 있고, 그 신분에 따라 대화할 수 있는 상대가 정해져 있기 때문이다. 설령 궁중에 전화나 방송 시설이 있었다고 해도 권전시가 각 부서에 천황의 기상을 직접 알릴 수는 없는 노릇이었다. 궁중에서 하나의 정보가 모든 신분의 사람에게 동시에 전달되는 일은 절대로 없었으며, 매번 '말 전하기 게임'과 같이 입에서 입으로 전달되어야만 했다.

메이지 41년(1908)부터 25년간 사인仕人(조정이나 귀인을 보필하는 일. 봉공인)으로 일했던 오가와 가네오小川金男에 의하면, 밖에서도 '오히루'라는 말이 전달됨과 동시에 각 부서의 하루 일과가 시작되었다고 한다.

이 '오히루'로 말할 것 같으면, 황후 쪽 사인이 측근의 방을 돌며 기상을 알리는 식이었다. 안에서는 그보다 먼저 여관들이 어전의 바깥쪽 방부터 청소를 시작했으며 밖에서도 사인들이 툇마루 청소에 들어갔다. 그리고 사인은 안 어전에서 정원 손질을 시작한 정원사들의 감독도 겸했는데 전하께서 기상하셨다는 표시로 덧문이 열리면 정원사 수를 파악한 후 밖으로 내보냈다. 그리고 청소가 끝났다는 표시로 나무로 된 딱따기를 두드렸다. 이것은 부정 탄 것을 정화한다는 의미도 있었다.

한편 시종직을 맡은 시종이 열 명 정도 있어서 교대로 당직을 했는데, 매일 아침 전하의 기상과 동시에 그날 당직인 시종이 의관속대衣冠束帶하고 사인을 대동하여 말이나 자동차로 현소賢所 (궁중 3전의 하나로, 아마테라스 신의 거울을 봉안하고 있는 곳)에 가서 대배代拜(대리 참배. 여기에서는 천황 대신에 시종이 참배하는 것을 말함)를 해야 했다.

_《궁정宮廷》

메이지 원년(1868) 10월 13일, 메이지 천황은 교토 궁궐을 떠나 '도쿄성東京城'으로 개명한 에도성 江戶城에 입성했다. 같

은 해 12월에 혼사를 위해 교토로 환행해서 이듬해 3월 도쿄
로 돌아온 때를 빼고는 도쿄성에 내내 거주했다. 그러다가 메
이지 6년(1873)에 여관의 부주의로 도쿄성에 화재가 발생하
여, 아카사카赤坂 임시 어소(예전 기슈紀州 번주藩主 저택)로 잠시
거처를 옮겼다.

그동안 일본 최초의 근대화된 궁전인 메이지 궁전이 완공
되었다. 메이지 21년(1888)의 일이다. 메이지 궁전은 천황이
공적 행사나 정무를 보는 궁전宮殿(이 책에서는 천황과 관계되는
건물 전체, 즉 황거皇居라는 뜻으로 쓰이는 경우도 있다)과 천황의
사적인 공간인 '나이기'로 되어 있었다(18~19쪽 그림 참조).
나이기는 서양식 건물인 궁전의 안쪽 울창한 숲으로 둘러싸
인 곳에 있었는데, 일본 전통 건축양식인 신덴즈쿠리寢殿造(귀
족들의 저택 양식)를 기본으로 한 것이었다. 신덴즈쿠리는 헤
이안平安 시대(794~1192년. 섭관정치로 귀족문화가 꽃피던 시대)
부터 내려온 일본 전통 주택 양식이다. 침실인 미코시실이 중
심에 있고 그 주변으로 각 방이 배치되었다. 또한 천황의 거
주 구역과 그보다 규모가 작은 황후의 거주 구역으로 나뉘어
져 그 사이가 회랑으로 이어져 있었으며, 모든 방은 다다미방
이었고 바닥에는 융단이 깔려 있었다.

나이기에는 '이리카와入側'라고 불리는 복도가 있었는데,
넓은 다다미가 있고 방과 마찬가지로 융단이 깔려 있었다. 이

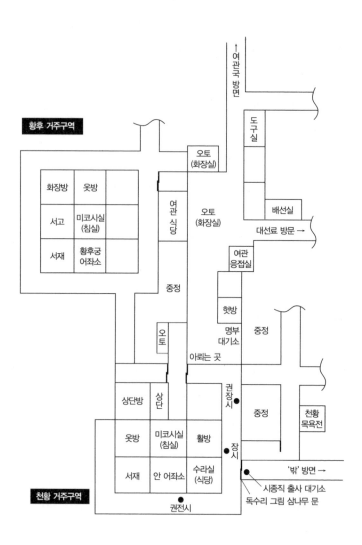

나이기 평면도

학문소 평면도

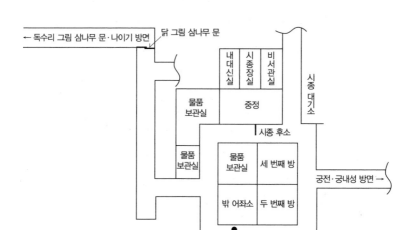

← 독수리 그림 삼나무 문·나이기 방면

닭 그림 삼나무 문

| 내대신실 | 시종장실 | 비서관실 |

물품 보관실

중정

시종 대기소

시종 후소

| 물품 보관실 | 물품 보관실 | 세 번째 방 |
| | 밖 어좌소 | 두 번째 방 |

궁전·궁내성 방면 →

시종직 출사

리카와는 기본적으로는 사람들이 다니는 통로이면서, 동시에 여관들이 서서 대기하는 장소이기도 했다. 여관들은 교대로 천황과 황후의 방 안에서 대기하는 사람과 방 밖의 이리카와에서 대기하는 사람으로 나뉘어 부름에 답했다.

나이기는 외부 세계와 철저하게 격리된 구조로 천황의 근무지인 학문소 건물에서만 들어갈 수 있었다. 그리고 그 사이는 긴 회랑으로 연결되어 왕래가 제한되었고, 회랑의 양쪽 끝에는 두 개의 문이 있어서 서로 다른 세계로 들어가는 입구 역할을 했다. 즉, 외부 세계인 밖으로 나가는 쪽에는 '닭 그림 삼나무 문'이 있었고, 나이기인 안으로 들어오는 쪽으로는 '독수리 그림 삼나무 문'이 있었다. 이 두 개의 문을 통과해야만 천황과 황후, 고위 여관, 그리고 극히 일부의 조정 신하만이 출입할 수 있는 나이기에 들어설 수 있었다.

나이기의 가장 큰 특징은 구역에 따라서 모든 것에 '차이'가 있다는 점이다. 《황실 건축 내장료의 사람과 작품皇室建築 内匠寮の人と作品》(2005년)에 의하면 나이기의 바닥 높이와 미닫이 문틀 높이는 6단계로 나뉘어져 있었다. 바닥 높이를 예로 들어보면 천황의 거주 구역이 가장 높았는데, 그 다음으로 높은 황후의 거주 구역보다 '1촌(약 3.03센티미터)'이 더 높았다. 또한 천황의 거주 구역의 윗미닫이틀은 높이가 '8척 3촌(약 2.52미터)'인데 비해, 황후 거주 구역은 '7척(약 2.12미터)'으로 약

40센티미터쯤 차이가 있었다. 그 외에 바닥이나 지붕에도 차이가 있어 건물의 모든 부분이 그 안에서 생활하는 사람의 서열을 그대로 반영했다.

이와 같이 메이지 천황은 밖의 건물에서는 서양의 궁정 양식을 받아들이면서도 사적인 공간인 안에서는 전통적인 스타일로 일관했다. 나이기는 효율성과는 관계없는 침실이 중심이었으며 혈연을 기반으로 한 궁정 사회 그 자체였다. 이는 서원書院, 즉 서재를 중심으로 하여 능력을 기반으로 하는 에도 시대의 무가武家 사회와도 다른 세계였다. 나이기는 근대화된 도쿄의 한가운데에 위치하고 있으면서도 바로 전 시대인 근세의 에도 사회보다 더 폐쇄적인 일종의 중세 사회였다고 볼 수 있다.

업무여관과 후궁여관

　나이기는 건축양식과 건물구조뿐만 아니라 시스템 역시 중세 시대의 모습 그대로였다. 무엇보다도 그곳에 거주하는 여관이 여전히 공가公家(일반적으로 조정이나 천황가에 출사하여 고위 관직을 세습하는 집안을 말한다. 중세 가마쿠라 시대 이후에 막부를 형성하여 권력을 형성한 무사 집단을 무가라고 칭하자 의식과 문치를 기반으로 하는 귀족 일반을 공가라고 칭하게 된 것이다. 메이지 시대에는 무사 중 다이묘가 공가로 편성되었다)의 딸들이었다. 메이지 천황은 교토에서 도쿄로 거주지를 옮긴 것을 계기로 이전 궁중에서는 불가능했던 옛날식 여관 제도의 정리와 궁정 개혁을 단행하였다. 즉 황후를 정점으로 하는 여관 제도로 재편성되어 나이기의 여관에 공가의 딸뿐만 아니라 사족士

族(메이지 시대에 에도 시대의 다이묘를 제외한 무사에게 부여된 신분계급으로 공가의 아래에 위치했다)의 딸도 받아들이게 된 것이다. 하지만 어디까지나 형식적이고 표면적인 것에 그치는 정도였다.

메이지 궁전 안에는 교토 궁궐의 시스템이 그대로 옮겨와 있었다. 고위 직급은 공가 출신이 모두 독점하고, 사족 출신은 자택에서 통근하는 통역사와 같이 특별한 기술을 가진 사람 이외에는 모두 낮은 직급에만 머물렀다. 임명될 수 있는 관직부터 차이가 나다 보니 사족 출신 여관은 근무연수가 훨씬 오래되었음에도 새로 임명된 공가 출신 여관보다 하위 직급에 있어야 하는 경우가 많았다. 사족 출신 중에서 와카和歌(일본 노래라는 뜻으로, 5/7/5/7/7의 음수율을 가진 31글자의 정형시)의 재능이 뛰어나 권장시로 발탁된 사이쇼 아쓰코稅所敦子나 권명부로 임명된 시모다 우타코下田歌子와 같은 경우는 극히 이례적인 경우였고, 기본적으로는 출신 성분에 의해 모든 것이 제한되는 시스템이었다.

메이지 시대의 궁정은 출신이 아니라 능력에 의해서 직급에 임명되는 밖의 세계와 출신 신분에 의해 직급이 제한되는 안의 세계, 이 두 가지 세계가 공존하는 사회였다고 할 수 있다. 그런데 여기에서 한 가지 주의해야 할 점은 이러한 이중 시스템이 단순히 신분제도를 고수하고자 하는 데서 비롯된 것만은 아니라는 사실이다. 궁중에서는 그렇게 할 수밖에 없는 나름대로의 사정이 있었다. 무엇보다도 사족 출신들은 공가 출신에 비해 업무 처리 능력이 한참 떨어졌다. 가장 큰 문제는 말이었다. 나이기 안에서는 여전히 교토 말이 쓰였고, 더구나 궁중어가 쓰였다. 사족 출신들은 궁중의 특수한 말을 외국어처럼 완전히 새로 배워서 업무에 임해야 했다. 또한 천황을 중심으로 하는 궁가, 공가, 다이묘 가의 복잡한 혈연관계도 암기하듯이 파악해야 했으며 궁중의 특수한 관례 또한 시간을 들여 익혀야 했다. 공가 출신에게는 이미 몸에 배어 있는 상식들인데, 사족 출신에게는 습득하는 데만도 오랜 시간이 걸린 것이다. 제한된 예산 내에서 직원을 채용해야 하는 궁내성 입장에서 보면 실무 능력이 뛰어난 공가의 딸들을 환영하는 것도 무리는 아니었다.

천황의 기상을 알리는 장면에서도 이야기한 것처럼 같은 여관이라고 해도 신분과 직분에 따라 천차만별이었다. 예를 들면 교토의 궁궐 때부터 내려온 전통 그대로 여관이 천황을 보좌해서 시침侍寢(임금을 모시고 잠)하였는데, 천황을 시침하지 않는 여관을 '업무여관お役女官'이라고 하고 시침하는 여관을 '후궁여관お后女官'이라고 불렀다. 원래는 정해진 직분과 가문의 사람만이 천황과 시침할 수 있도록 되어 있었지만 메이지 천황이 이 규칙을 어기는 경우도 있었다고 한다.

여관은 천황의 일상생활을 이야기하는 데 없어서는 안 될 존재이므로 직위가 높은 순서부터 간단하게 정리하면 다음과 같다.

- 상시尙侍(통칭은 나이시노카미): 역사 속에서만 존재했던 직분으로 메이지 시대에는 존재하지 않았다.
- 전시典侍(통칭은 스케): 여관 중에서 가장 높은 직위로, 메이지 시대에는 다카쿠라 가즈코高倉壽子와 야나기와라 나루코柳原愛子의 투 톱 시대였다. 다카쿠라는 지금의 여관장에 해당하며, 야나기와라는 다이쇼 천황의 생모라는 공적으로 임명되었다.
- 권전시權典侍(통칭은 스케): 이른바 '후궁여관'이다. 여러 명이 교대로 천황을 보필하며 시침도 교대로 한다. 단, 모두 '후궁여관'이 되는 것은 아니고 부副여관장의 역할을 맡은 사람도 있었다.
- 장시掌侍, 권장시權掌侍(통칭은 나이시): 황후의 시중을 드는 역할로 기본적으로는 '업무여관'이지만, 일부는 '후궁여관'이었을 가능성도 있다.
- 명부命婦, 권명부權命婦(통칭은 묘부): 권장시 이상의 여관과 여유 이하의 여관을 중개하는 역할이었다.
- 여유女嬬, 권여유權女嬬(통칭은 미나카마): 천황과 황후의 식사나

복장, 실내 가구에 관한 준비나 정리를 담당하는 역할이었다.

• 잡사雜仕, 하사下仕: 일상의 잡무를 담당하는 역할이었다.

장시나 권장시까지는 구舊 당상가堂上家, 즉 메이지 시대의 가문으로 말하자면 백작이나 자작 가문의 미혼 여성들이 임명되었다. 명부와 권명부는 문적 사원門跡寺院(황족이나 섭정가의 자제가 출가하는 격식이 높은 사원)의 가령家令(황족이나 화족의 집안에서 사무나 회계를 관리하며 감독하는 사람으로 말하자면 집사)이나 격식 있는 신사神社의 사가社家, 사족 출신자가 주로 임명되었으며, 여유 이하는 사족뿐만 아니라 대지주 등의 부유층 출신자도 있었다. 참고로 명부와 권명부까지가 고급 여관으로 직접 천황 부처를 보좌할 수 있었다.

각각 여관의 수는 연대에 따라 약간의 변동이 있다. 예를 들면 메이지 42년(1909)에는 권명부 이상의 고급 여관 수가 스물다섯 명이었으며, 전시 두 명, 권전시 다섯 명, 장시 한 명, 권장시 아홉 명(그중 세 명은 자택 통근의 통역사), 명부 한 명, 권명부 일곱 명으로 되어 있었다.

나이기 안의 소년들

여관들 외에 나이기의 일상생활에서 빼놓을 수 없는 존재
가 하나 더 있다. 바로 시종직 출사出仕(시종직에서 잔심부름을
담당한 소년)로 통칭 나이주內豎라고 했다. 대체로 열 살 전후
에서 열다섯 살 정도까지 되는 공가의 자제로, 말하자면 시동
侍童과 같은 역할이었다. 천황 이외의 남성은 출입이 제한된
나이기에서는 밖과의 연락책으로 중성적인 소년이 필요했다.

시기에 따라서 정원은 달랐지만 상시 5~6명 정도 있었다.
대개 두 개의 그룹으로 나뉘어 격일로 가쿠슈인學習院(황족이
나 귀족의 자제들이 다니는 학교)에 다니면서 근무하였다. 교대
로 숙직도 해야 해서 어린 나이의 소년들에게는 정신적으로
나 체력적으로 쉽지 않은 일이었다. 그러다 보니 학교를 가지

않는 경우도 생겼다.

이렇듯 시종직 출사는 학업을 이어가는 데 얼마간은 지장이 있었지만, 어린 나이에 정무의 최전선에 뛰어들어 궁궐이나 정계에서 인맥을 쌓을 수 있다는 점에서 그 나름대로 이점이 있었다. 연령이 높아져서 학교로 돌아가 학업을 계속하여 성인이 되면 궁전의 시종이나 귀족원 의원으로 차세대의 궁궐을 리드하게 되는 것이다.

메이지 22년(1889)에는 관제개혁에 의해 시종직에서 나이주과가 폐지되었다. 표면적으로는 나이주가 존재하지 않게 되었으므로 시종직 출사 중에서 누가 나이주였는지 알기 위해서는 그들의 회상록을 자세히 살펴볼 필요가 있다. 그들의 활약상을 빼고 제2차 세계대전 이전의 메이지 궁전을 논할 순 없기 때문이다.

복장도 이름도 신분대로

이상과 같이 나이기에는 다양한 직분의 사람들이 일하고 있었으며 일상생활의 모든 부분에서 신분에 따른 구별이 있었다.

여관은 나이기 안에서는 본명이 아니라 천황으로부터 하사받은 이름으로 불렸다. 예를 들면 권전시인 오구라 후미코小倉文子는 '히자쿠라노 스케緋櫻の典侍(홍벗꽃 전시)', 소노 사치코는 '고기쿠노 스케小菊の典侍(소국화 전시)'라고 불렸다. 이처럼 아름답기 그지없는 이름들이 붙여지는 데는 규칙이 있어서 공가 출신은 한자 두 글자로, 무가 출신은 한자 한 글자로 붙여졌다. 이름만 봐도 한눈에 출신계급을 알 수 있도록 한 것이다. 그 외에도 신분에 따른 차이는 더 있었다.

우선 고급 여관과 그 이하의 여관은 근무 공간과 주거 형태가 달랐다. 권장시 이상의 여관과 여유 이하의 여관은 직접적으로 접촉하는 일이 전혀 없었다. 같은 나이기 안에서 근무하면서도 서로 말을 주고받거나 얼굴을 마주하는 일이 없었던 것이다. 이 두 부류의 여관은 근무 공간뿐만 아니라 주거 공간 자체도 아예 달랐다. 그 사이를 연락하고 중개하는 것이 명부와 권명부였다.

근무 공간에서는 '아뢰는 곳伸の口'이 두 여관의 경계지역이었다. 명부가 '아뢰는 곳'에 대기하고 있다가 양쪽의 식사와 물건을 전달해주었다. 주거 공간인 관사 또한 명부를 사이에 두고 양쪽으로 나뉘어져 있어서 그 사이는 높은 담장으로 가로막혀 있었다.

그리고 이들 여관들 아래에 고급 여관들을 시중드는 직급이 있었다. 관사 내에서 고급 여관들은 '단나상旦那さん(주인님)이라고 불렸으며 '게라이家来(종자)'라고 불리는 전속의 시녀와 부엌일을 하는 하녀가 있었다. 천황과 황후를 모시는 여관, 그 여관들을 모시는 게라이, 나이기에는 이렇게 다양한 계급의 사람들이 공존하고 있었다.

여관들의 차이는 복장에도 나타났다. 궁정에서는 계급에 맞는 복장과 머리 모양이 정해져 있어서 한눈에 그 계급을 알 수 있었다. 예를 들면 고급 여관의 정장은 양장으로 그 이하의 여관들과는 확실하게 구별되었다. 또한 고급 여관들 사이에도

엄격한 구별이 있어서 '임시 고용ぉ雇い'이라는 견습 기간에는 양장을 할 수가 없고 일본 전통 복장을 해야 했다. 여기에서 일본 전통 복장이라는 것은 오늘날 우리가 떠올릴 수 있는 화려한 기모노가 아니었다. 흰색 평견으로 된 둥근 소매의 기모노에 주홍색 하카마袴(아래에 입는 치마바지와 같은 것)와 우치키褂衣(공가 의복의 한 종류로 활동하는 데 간편하도록 한 무릎 길이의 상의)를 입은 궁중의 전통 복장이었다. 머리 모양도 '네根'라고 하여 견습 기간에 하는 머리 모양이 따로 있었다.

사용하는 말에도 차이가 있었다. 일반적으로 경어는 상대방을 높이기만 하면 되지만 궁중에서는 상대방의 계급에 따라서 사용하는 말 자체가 아예 달랐다. 예를 들면 나이기에서 다른 사람과 마주쳤을 때 자기보다 윗사람에게는 "허락해주옵소서ぉ許しあそばせ"라고 하고 아랫사람에게는 "허락해주세요ぉ許しやす"라고 한다. 또한 복도에서 다른 사람의 게라이와 마주치면 "개의치 마세요ぉ構いのう"라고 해야 한다. 용무가 아무리 급해도 지나치는 사람을 순간적으로 알아보고 자신과의 관계를 판단하여 발언해야만 했으므로 보통 일이 아니었다. 매사 이런 식으로 상대에 따라 말이 달라지므로 여관들은 나이기에서 일하는 사람들의 얼굴과 직급을 미리 익혀두어야만 했다. 앞서 말한 복장상의 차이는 이와 같은 이유 때문에라도 반드시 필요했다고 할 수 있다.

모든 것은 출신계급에 따라

나이기에서는 하사받는 물건에도 차이가 있었다. 나중에 다시 자세히 서술하겠지만 천황과 황후의 의복이나 잠옷, 침구, 음식, 선물 등이 여관에게 하사되는 경우가 있었다. 이러한 물건들을 분배하는 데에도 신분에 따라서 차등을 두었는데, 그 대상은 인간만이 아니었다. 오랫동안 시종으로 근무한 히노니시 스케히로日野西資博에 의하면 차등은 메이지 천황의 애완동물에게도 적용되었다.

두 마리의 개가 있었는데 처음부터 치리멘縮緬(견직물의 한 종류로 바탕이 오글오글한 평직의 비단)이나 견으로 된 이불을 덮어준 것이 아니었다. 처음에는 모슬린 이불을 주다가 점차 전하

옆에 있는 시간이 길어지면서 치리멘 이불의 사용이 허락되었다. 봉공 초부터 좋은 것을 주는 일은 절대 없었다.

_《메이지 천황의 일상明治天皇の御日常》

물론 이뿐만이 아니었다. 그 외에도 하나에서 열까지 일상생활의 모든 것에 차이가 있었다. 이와 같이 한 치의 오차도 없이 철두철미하게 이루어지는 신분에 따른 차등은 우리 감각으로 보자면 일종의 차별이다. 그러나 궁정 안의 사람들은 그러한 차등을 당연한 일로 여겼다. 서열에 따라 하사되는 물건에 차이가 있는 것을 오히려 특별한 배려라고 생각하며 감격했을 정도이다.

"상급자부터 순서대로 좋은 물건을 하사받는 것은 이미 정해져 있던 사항입니다" "상급자부터 순서대로 하사받기 때문에 하급 사람이 안 좋은 물건을 받는 것은 당연합니다"와 같이 '차이'에 맞게 '공평'한 천황의 처사에 아무런 불만을 갖지 않았다. 현대의 감각으로 보면 모두에게 같은 물건을 하사하는 것이 공평한데, 그들은 신분의 차이에 따라 물건에 차이가 나지 않으면 오히려 불공평하다고 생각한 것이다.

근대 사회에서는 능력에 따라 평가를 받으며 그 능력은 노력에 의해서 얻어지는 것이었다. 즉 서열이 위인 사람이 능력이 뛰어난 것이 된다. 하지만 이 논리는 일본 궁정에는 맞지 않는다. 일본의 귀족 사회에서 신분의 고하는 기본적으로 태어난 집안에 의해 결정된다. 서열이 위인 사람은 그 위치에 있는 집안에서 태어난 사람이다. 거기에 개인적인 인간성이나 능력에 대한 평가는 포함되지 않는다. 나이기에서는 천황 자신도 차이가 있는 하나의 대상물에 불과하다. 결국 나이기에 존재하는 차이는 의복이나 말, 행동 등으로 신분을 기호화한 것이며 의례상으로 필요한 하나의 표시였다고 할 수 있다.

그러면 여기에서 다시 침실에서 기상하는 메이지 천황 이야기로 돌아가보자.

일찍 일어나도 늦잠을 자도 안 돼

오전 8시 정각에 여관의 "오히—루"라는 외침을 신호로 꽉 닫힌 천황의 침실, 즉 미코시실의 문이 열린다. 나이기의 정중앙, 사방이 맹장지문으로 된 이 방까지 아침 햇살이 비치는 일은 없다. 어두컴컴한 방 중앙에 놓인 침대 위에서 눈을 뜬 천황은 그날 날씨가 어떤지 전혀 알 수가 없었다.

여기에서 침대는 일종의 베드bed를 말하는데, 한 가지 특이 사항은 그 침대를 위에서부터 감싸는 덮개가 달려 있었다는 점이다. 그 덮개는 겨울철에는 모란 무늬의 흰 단자緞子(생사生絲 또는 연사練絲로 짠 것으로, 광택과 무늬가 있는 두꺼운 수자직繻子織의 견직물)로 된 단장緞帳이 쓰이고 여름철에는 비단 망사가 쓰인다. 이 덮개가 붙은 침대는 언뜻 서양에서 들어온 것으로 오해

할 수 있으나 사실은 일본의 전통 침대이다. 일본에서는 헤이안 시대부터 '조다이帳台'(휘장 친 침대)라고 해서 귀인들이 사용하던 침대가 있었다. 이 조다이는 《겐지 이야기源氏物語》(이치조 천황의 중궁中宮 쇼시의 여관이었던 무라사키 시키부가 당시 궁중을 무대로 쓴 장편소설)나 《마쿠라노소시枕草子》(이치조 천황의 중궁 데이시의 여관이었던 세이쇼 나곤이 당시 귀족들의 미의식에 기반하여 쓴 수필)와 같은 문학작품에도 자주 등장한다.

메이지 천황의 기상을 알리는 말 전하기 게임이 궁궐 안을 한 바퀴 도는 동안 가장 먼저 실시된 것이 시의侍醫에 의한 건강 검진이다. 시의는 미코시실 입구까지 명부에게 안내를 받아 입실한 후 천황의 맥을 짚고 혓바닥을 살피면서 건강상태를 진단한다. 항간에서는 천황의 맥을 직접 짚는 것은 황공한 일이므로 잠옷 위를 짚었을 것이라는 이야기도 떠도는데 그것은 사실과 다르다.

직접 배진하는 것이 원칙입니다. 특히 혓바닥을 배견할 때는 전하의 바로 옆까지 가야 했으므로 손으로 자신의 입을 가렸습니다. 맥도 직접 짚는 식으로 배견합니다.

_《메이지 천황의 일상》

이때 검변檢便(대변검사)도 같이 실시되었다.

《메이지 천황기》에 의하면 천황의 신장은 5척 5촌 4부였다고 한다. 약 165센티미터이니 당시로는 체격이 좋은 편에 속했다. 하지만 스트레스와 운동 부족으로 만년에는 비만과 당뇨병 증세가 생겼는데, 천황은 서양 의술을 유난히 싫어해서 모든 병을 침이나 안마와 같은 전통적인 방법으로 해결하려고 했다고 한다. 몸 상태가 안 좋아도 천황 스스로 먼저 말하는 법이 절대 없기 때문에 시의는 제한된 자료와 오랜 시간 담당해온 감感만으로 진찰을 해야 했다.

시의가 진찰을 하고 있으면 그사이에 흰 고소데小袖(소맷부리가 좁은 옷으로 주로 작업할 때 입었다) 옷자락을 허리끈으로 묶어 올린 명부와 권명부들이 온수를 넣은 큰 대야를 미코시실 입구까지 나른다. 그리고 시의가 진찰을 끝내고 물러가면 바로 옆방에 숙직하고 있던 여관이 대야를 미코시실 안으로 들여온다. 천황의 '화장おケ化粧'이 시작되는 것이다. 화장이란 몸치장 전체를 가리키는 궁중 용어이다. 단발斷髮하기 이전에는 메이지 천황도 매일 아침 옅은 화장을 했었다. 화장이 폐지된 이후에도 용어는 그대로 남아 사용되고 있던 것이다.

이 화장은 먼저 입 안을 양치질하고 세수를 한 다음 따뜻한 물수건으로 상반신을 닦아내는 식으로 진행되었다. 마지막으로 머리를 단정하게 빗어 올리면 화장은 끝이 난다. 메이지 천황은 외국의 향수 한 병을 이삼일 만에 다 썼을 정도로 향수를 애용했다고 하는데 하루 중 향수를 처음 뿌린 것이 아침 이맘때가 아니었을까 한다.

이와 같이 나이기는 천황의 기상인 '오히루'를 신호로 하루 일과가 시작되었다. 이것은 '오히루' 전달이 없으면 궁전의 하루 일과가 시작되지 않는다는 것을 뜻한다. 즉 메이지 천황은 그 존재 자체로 궁전의 시계와 같은 역할을 했다고 할 수 있다.

이 천황이라는 궁전의 시계에 그 누구보다도 구속을 받던 존재는 다름 아닌 메이지 천황 자신이었다. 대부분의 사람은 나이가 들면 아침에 일찍 일어나게 되는데 메이지 천황은 맘대로 일어날 수가 없다. 천황이 아침 6시에 '오히루'를 하면 안의 여관들뿐만 아니라 시의나 정원사, 궁내성 직원까지도 모두 두 시간을 앞당겨서 하루를 시작하지 않으면 안 되기 때문이다.

그러다 보니 메이지 천황의 하루 일과는 판으로 찍은 듯이 단조로웠다. 천황의 일과가 항상 그렇게 일정했던 것은 모든 것에 철저하고자 한 천황의 고지식한 성격 때문이라고 볼 수도 있으나, 천황의 성격이 원래 그렇지는 않았다. 천황도 젊었을 때는 모친(생모는 아니다)인 에이쇼英照 황태후의 거처에 불시에 찾아가곤 해서 여관들을 당황시킨 적도 있었다고 한다.

천황이 꼬박꼬박 시간을 잘 지키게 된 것은 주변 사람을 배려하는 과정에서 얻은 습관으로 보인다. 천황은 자신의 기분

에 따라 기상 시간을 맘대로 바꾸면 많은 사람들이 힘들어진
다는 사실을 알고 있었던 것이다. 사회 구조가 신분제로 되어
있으면 높은 자리에 있는 사람은 무조건 좋을 것 같은데 알고
보면 그렇지도 않다.

황후의 아침은 화장부터

　한편 천황과 침실을 같이 쓰지 않는 황후 하루코美子는 매일 아침 자신의 미코시실에서 눈을 떴다.

　"평안하시옵소서."

　같은 방에서 숙직한 여관이 인사를 하는 것으로 황후의 '오히루'가 시작된다. 시각은 오전 7시 30분, 천황보다 30분 빠르다. 덮개가 있는 침대, 비단으로 된 침구, 잠옷 등은 모두 천황과 쌍으로 되어 있다. 잠옷의 띠만 여성용으로 가늘고 붉은 치리멘으로 되어 있다. 여관이 침실에 한 명, 옆방에 두 명 숙직하는 것도 천황과 같다. 다만 천황의 침실에서 같이 자는 사람은 후궁여관인 권전시인데 비해 황후는 보통 나이시라고 불리는 장시나 권장시와 같이 잔다.

눈을 뜬 황후는 화장 가운을 걸치고 화장 도구가 있는 화장 방으로 향한다. 그리고 천황의 경우와 마찬가지로 명부가 날라온 큰 대야의 온수로 여관의 도움을 받아 상반신을 정결하게 한다. 몸을 잘 닦고 나면 이번에는 머리를 올리고 화장을 시작한다.

황후 하루코가 옛날부터 내려오는 고전적인 화장법을 그만두고 신식 화장법을 택한 것은 메이지 6년(1873) 8월 23일의 일이다. '황후는 오늘부터 분 바르는 것을 폐지하고 여관으로 하여금 이를 따르도록 할지어다'라고 《메이지 천황기》는 전하고 있다. 고전적 화장법이란 반죽 상태의 분을 얼굴 전체에 바르는 것으로 현재는 교토의 마이코舞子(춤과 노래를 전문적으로 하는 소녀)에게만 남아 있다.

더 이상 고전적인 화장을 하지 않게 된 황후는 새로운 서양의 화장법을 받아들였다.

파리 피노아 회사의 살색 크림 상태의 분을 바르고 립스틱도 현재의 것과 거의 다르지 않았습니다. 향수도 모두 프랑스제를 사용하셨습니다.

_《여관》

여성에게 있어서 화장법을 바꾸는 것은 지극히 어려운 일

서양식 복장을 한 황후 하루코

이다. 현재도 많은 여성이 연령대가 다 드러나는 데도 불구하고 젊은 시절에 하던 화장법을 그대로 고수하고 있다. 이전의 화장법이 구식이라는 사실을 머릿속으로는 이해하면서도 한 번 길든 습관을 좀처럼 바꾸지 못한다. 그런데도 하루코 황후는 과감히 대대로 내려온 전통적인 화장법을 버리고 낯선 서양의 화장법을 받아들인 것이다.

이와 같이 서양의 최신식 화장을 하고 있는 황후에게 아침 출근자가 인사를 하러 온다. 당시 시종직 출사였던 소노이케 긴유키園池公致도 그중 한 사람이었다. 소노이케는 메이지 29년(1896)부터 메이지 34년(1901)까지 시종직 출사로 근무하고 후에 시라카바 파白樺派(다이쇼 문단의 중심이 된 문학과 예술의 집단)의 작가로 활약한 인물이다.

> 황후께서는 (…) 대부분 이때는 한창 '화장' 중이셔서 방 밖에서 조용히 인사를 드렸다. 옆에서 시중드는 여관 한 사람이 "누구누구가 인사드리고 있습니다"라고 다른 쪽을 보고 있는 황후에게 전달을 하면 황후께서는 한마디 "오"라고 대답하셨다.
>
> _〈메이지 궁정의 추억明治宮廷の思い出〉

많은 사람들이 들락거리는 와중에도 기품과 여유를 잃지 않고 화장을 계속하던 황후 하루코의 모습이 눈에 선하다.

조식은 혼자서

　'화장'으로 깨끗해진 천황은 미코시실의 서쪽에 수납장들로 가득 찬 옷방에서 식사를 하기 위해 옷을 갈아입는다. 흰비단으로 된 잠옷을 벗고 일반 옷으로 입는데, 이것은 양복이아닌 일본 전통의 옷이었다. 밖에서는 철저하게 양식으로 지내는 메이지 천황도 안에서는 역시나 편한 일본식 옷을 입고휴식을 취하는 것이다.

　옷을 갈아입은 천황은 미코시실을 나와서 수라실이라고 불리는 식사실로 향한다. 수라실은 천황의 거주 구역에서 동쪽끝에 위치하며 다른 방과 마찬가지로 다다미 위에 융단이 깔려있다. 그 방 한가운데에 남향으로 테이블이 놓여 있다. 이것은'천자는 남쪽을 향한다'는 중국적 사고에 기초한 것이다. 점심부터는 황후와 함께하지만 아침은 혼자 하도록 되어 있다.

천황이 자리에 앉으면 조식을 하기 위한 의식이 시작된다. 궁궐 용어로 조식은 '오나카이레ぉなかいれ'라고 한다. '오히루'와 마찬가지로 그날 당직인 권전시가 "오나카이레"라고 낭랑한 목소리로 외친다. 그러면 "아룁니다. 오나카이레"라고 하는 소리가 메아리치듯 이어지고 그것이 몇 단계를 거쳐 식사를 담당하는 대선료大膳寮(천황가의 식사를 담당하는 부서)까지 가게 된다.

식사는 모두 당번 시의가 '오시쓰케ぉしつけ', 즉 독 검사를 마친 것이었다. 안전성이 확인된 식사는 첫 번째 음식, 두 번째 음식과 같이 순서대로 대선료에서 식사 담당 여유에게 건네지며, 아뢰는 곳에서 명부와 권명부에게 넘겨지고, 수라실 입구에서 장시와 권장시를 통해 천황의 식탁에 차려진다. 신분의 단계를 따라 아래로 내려간 말(오나카이레)은 대선료에서 음식으로 바뀐 다음 이번에는 반대 방향으로 손에서 손으로 신분의 단계를 따라 위로 올라가는 것이다.

이러한 과정을 통한 식사 준비는 격식을 갖춘 것으로 좋은 면도 있지만 한편으로는 필요 이상으로 시간이 많이 걸린다는 흠도 있다. 애써 따뜻하게 만든 음식이 다 식어버려 맛없는 식사가 될 수 있다. 하지만 시간에 정확한 천황 덕분에 준비 시간이 항상 일정하다 보니 음식이 심하게 식거나 하는 일은 없었다고 한다. 그리고 국물 종류는 다시 데워 내기도 하고 쟁반 전체에 은 덮개(여름에는 비단 망)를 씌우는 식으로 보온에 특히 신경을 썼다. 물론 방금 끓여낸 음식을 바로 먹는 즐거움은 없었을 것이다. 이와 같은 복잡한 절차가 꼭 원인이 되었다고는 할 수 없지만 황실 사람들과 제2차 세계대전 이전 특권 계층 사람들 중에는 뜨거운 것을 잘 못 먹는 경우가 많았다.

천황의 식사라고 하면 가이세키 요리懷石料理(원래 다도에서 차를 마시기 전에 먹는 것으로 달군 돌을 안아서 배를 따뜻하게 하는 것처럼 뱃속을 따뜻하게 할 정도의 음식을 말한다. 여러 가지 종류의 음식이 나오지만 소량이면서 정갈한 것이 특징이다)와 같이 깔끔하고 품위 있는 고급요리를 떠올리는 사람이 많을 것이다. 하지만 실제로는 그렇지 않았다. '소량으로 정갈하게'가 아니라 오히려 푸짐하고 많은 양의 음식이 큰 그릇 가득히 담겨 있었다. 왜 그랬을까. 천황과 황후가 대식가인 까닭은 아니다. 두 사람은 많은 양의 음식 중에서 '아주 소량'만 덜어내어 먹고 나머지는 모두 신하에게 하사했다. 이것은 '오스베리 おすべり'라고 하는 황실의 오랜 전통이다. 처음에는 '음식이 남았으니 하사한다'고 한 것이 어느 사이엔가 하사하는 것을 전제로 하여 많이 담게 된 것이다.

조식은 대선료의 요리사들이 솜씨를 발휘하는 경우도 있었지만 대부분 카페오레(우유를 넣은 커피)와 빵으로 가볍게 먹었다. 천황이 이와 같이 프렌치 스타일로 조식을 했다는 사실은 많은 책에서 전하고 있다. 쇼와 37년(1962), 메이지 천황 붕어 50주기 기념행사 좌담회에서는 그와는 다른 메뉴도 소개되고 있다.

야마카와 아침 식전에 드리는 커피는 1홉들이로 검은색 용기에는 우유가 조금 들어 있었습니다. 같이 드시는 것은 빵이 아니라 밀기울 떡이었는데 속에는 묽은 단팥이 들어 있었습니다. 지금도 교토에서는 볼 수 있을 겁니다.

_메이지 신궁 숭경회
《메이지 대제의 일상을 추억하다側近奉仕者座談會 明治大帝の日常を偲び奉る》

그 밀기울 떡은 후에 화과자로도 만들어져서 많은 사람들이 먹게 되었다. 하지만 쇼와 35년(1960)에 출판된 야마카와의 저서《여관》에는 천황이 빵을 먹은 것으로 되어 있다. 천황이 먹은 것을 빵으로 보는 설이 무난하기는 하다. 아침부터 밀기울 떡을 먹으며 카페오레를 마셨다고 하면 왠지 안 어울릴 것 같다.

천황이 식사 중에 입은 일본 전통 옷은 격식을 차린 차림이 아니었다.

전하는 항상 세로 줄무늬의 보통 옷과 다를 바 없는 일본 전통 옷차림을 하고 계셨다. 허리에는 흰색 치리멘으로 된 오비를 둘둘 말고 계셨고 하카마 같은 것은 입으신 일이 없으며 국화 문양의 하오리羽織(겉에 걸쳐 입는 짧은 가운과도 같은 옷)도 있다고는 들었으나 입으신 적은 단 한 번도 없었다. 추울 때도 버선을 신으신 적이 없으며 대부분 흰 양말이 뒤꿈치 언저리에 걸쳐 있었다. 흰색 모슬린의 서양식 바지가 윗옷 아래로 보이는 식의 매우 편한 차림이셨다.

_〈메이지 궁정의 추억〉

조식을 하고 있는 천황에게 이튿날의 메뉴판인 '오칸반おかんばん'이 건네진다. 아침부터 이튿날 메뉴를 정하는 것은 너무 서두르는 듯이 보일 수도 있으나 대선료에서는 식재료 구매를 비롯해서 준비할 시간이 필요하므로 이때 정해주도록 되어 있다.

황후는 '화장'이 끝나면 화장 옷을 입은 채 그 자리에서 조식을 한다. 이쪽도 첫 번째 요리, 두 번째 요리 하는 식으로 식탁에 차려진다. 황후 하루코 역시 대개는 카페오레와 빵으로 된 프렌치 스타일의 조식을 먹었다. 이때 빵은 대선료에서 만든 것이 아니라 식사 담당 여유가 구운 따뜻한 것이다. 이후 천황과 마찬가지로 다음 날 메뉴판인 '오칸반'을 훑어

본다.

식사가 끝나면 황후는 하반신을 닦는 반신욕을 한 후에 양장으로 차려 입는다. 몸치장이 끝나면 황후는 식사 중인 천황에게 아침 인사를 하기 위해 수라실로 향한다.

5분도 가만히 있지 않는 천황

"평안하시옵소서."

황후는 융단 위에 무릎을 꿇고 정좌를 한 채 천황에게 아침 인사를 한다. 황후의 옷차림은 아침부터 매우 단정하다.

그때는 매일 비슷한 스타일의 양장을 하고 계셨으며 당번 여관이 상자 모양의 담배 상자를 들고 그 뒤를 따르는 식으로 마치 출근이라도 하시는 것 같은 느낌이 났다.

_〈메이지 궁정의 추억〉

일본식 옷을 편하게 입은 천황과 양장 드레스로 정장한 황후. 그들을 둘러싼 여관들 중에서도 양장한 사람이 있는가 하면 둥근 소매 옷에 붉은 하카마를 입은 사람도 있다. 머리 모양과 화장도 황후는 서양풍인데 이전 방식을 고수하고 있는 여관들은 일본식이다. 상쾌한 궁정의 아침, 거기에 모여 있는 사람들의 복장과 차림새는 그야말로 각양각색으로 옷과 머리 스타일의 역사를 한눈에 보는 듯한 광경이다.

천황과 황후, 그날 처음으로 얼굴을 마주한 두 사람이 나눈 이야기는 무엇이었을까. 메이지 천황은 세 살 연상인 황후 하루코에게 항상 깍듯하게 대했다고 한다. 이것은 측근 모두가 증언하는 바이다. 특히 체질이 허약했던 황후의 건강을 항상 염려하며 자상하게 신경을 썼다고 한다.

"오늘은 날씨가 좋으니 점심 무렵 모미지야마紅葉山 산에 운동이라도 다녀오시든가요" 혹은 "내일은 신주쿠新宿 어원御苑에라도 납시는 것이 어떨지요, 이미 다유大夫(가카와香川)에게는 일러뒀으니" 하는 식으로 직접적으로 황후마마께 전하시는 경우가 있는가 하면, 여름날 더울 때면 "오늘은 날씨가 매우 더우니 여뀌 우린 물이라도 드시고 더위를 피하시도록"과 같은 전갈을 보내시는 경우도 있으셨습니다. 모든 일에서 세세하게 황후마마를 위해 마음을 쓰셨습니다.

_《메이지 천황의 일상》

흔히 일본 남성은 가부장적이어서 상대방을 위한 자상한 말을 직접적으로 표현하는 습관이 없다고들 한다. 그것이 과연 일본 전통의 모습인가 하면 그렇지는 않다. 헤이안 시대의 문학 작품을 보면 오히려 그와는 정반대였다. 여성에 대한 세심한 배려가 당시 남성에게는 기본적인 미의식이었다. 메이지 천황도 주위의 여성들에게 배려하는 마음을 항상 잊지 않았다.

그런데 그렇게 남에게 배려를 잘하는 메이지 천황은 만사에 필요 이상으로 자잘한 신경을 써서 문제가 생기는 경우가 많았다. 메이지 천황이 나이기에 있을 때의 모습에 대해서 히노니시는 여관의 말을 인용하며 "식사 때 외에는 단 5분도 가만히 계시질 않았다"라고 증언한다. 천황은 항상 그날 해야 할 업무를 여관이나 시종들에게 직접 지시하였으며, 그 지시에 대한 보고 또한 반드시 하도록 요구했다고 한다. 하지만 때로는 보고를 하는 것이 오히려 합리적이지 않을 때도 있었다. 그 점에 대해서는 뒤에 언급하기로 한다.

한차례 업무에 대한 지시가 끝나면 천황은 서재로 향한다. 그곳에서 수집품들을 둘러보는 것이 천황의 중요한 일과 중의 하나였다.

천황이 가장 좋아한 것은 도코노마床の間(일본 건축에서 객실인 다다미방의 정면에 바닥을 한 층 높여 만들어놓은 곳으로, 액자

나 꽃을 놓아두고 신성한 곳으로 여긴다)에 장식되어 있는 각종 검들이었다. 개중에는 천황 스스로 사 모은 것도 있었지만 신하들이 천황의 취미를 알고 헌상한 것들도 있었다.

그다음으로 천황이 좋아한 것은 시계였다. 탁상시계, 괘종시계, 회중시계 할 것 없이 그야말로 온갖 종류의 것들이 다 있었다. 그중에서도 안의 서재 장식장에는 회중시계를, 또 밖에는 큰 탁상시계를 장식해 놓고서 다른 사람들에게도 감상하도록 했다.

한시도 가만히 있지 않는 천황은 수집품들을 둘러본 후에 방 중앙에 있는 테이블로 이동한다. 테이블 위에는 항상 서류가 산처럼 쌓여 있는데 천황은 선 채로 그 서류를 재빠르게 훑어본다. 천황은 식사 때가 아니면 의자에 앉지 않았다. 안에서도 밖에서도 온종일 선 채로 있었다. 그러다가 피곤해지면 어좌소御座所(깨어 있을 때 상시 기거하는 일종의 거실)에 들어가 의자가 아닌 바닥에 앉아서 쉬었다. 천황은 '보통은 중앙 어좌소의 큰 탁자 앞 융단 위에 깔린 모피 위에 주저앉은 채로 쉬셨다'(《메이지 궁정의 추억》)고 하는데 그렇게 앉아 있는 것도 잠시, 다시 볼일을 떠올리고는 본인이 좋아하는 시계 바늘처럼 쉬지 않고 움직였다.

그렇게 분주하게 움직이는 천황의 뒤를 쫓아다닌 것이 있었다. 바로 애완견이다. 메이지 천황은 개를 좋아해서 안과 밖 양쪽 모두에서 개를 키우고 있었다. 안과 밖의 개는 다닐 수 있는 구역이 각각 정해져 있었기 때문에 서로 왔다갔다하는 일은 없었다. 측근의 증언에 의하면 궁정에서 키운 개는 한두 마리가 아니었다고 한다. 개 하나가 없어지면 다시 새로운 개를 들여와서 보충하는 식이었다. 그중에는 시종직 소년들을 얕잡아 보고 큰 소리로 짖어대며 성가시게 한 개도 있었다고 한다. 하지만 개들은 하나같이 영리해서 주인인 천황한테는 항상 꼬리를 치며 따라다녔다고 한다. 천황의 총애를 받는 개는 여관이나 시종들에게도 귀여움을 받아서 궁전의 아이돌과도 같은 존재였다고 한다.

황후는 대단한 애연가

항상 몸을 움직이는 천황과 대조적으로 황후 하루코는 거의 움직임이 없었다. 수라실 한쪽에 두 겹으로 친 병풍이 있었는데 그 앞의 방석 위가 황후의 정위치였다. 황후는 그곳에 앉아 온종일 꼼짝하지 않았다. 아침부터 각종 업무를 지시하는 천황과 달리 황후는 여관이 가져온 담배 상자에서 은으로 된 담뱃대를 꺼내 담배에 불을 붙이는 것으로 하루 일과를 시작했다. 메이지 35년(1902)부터 쇼와 26년(1951)까지 50여 년을 궁중에서 근무한 보조 도시나가坊城俊良에 의하면, 황후는 "아주 보통의 평범한 은 담뱃대를 사용하셨다"(《궁중 50년宮中五十年》)고 한다.

그 취향은 오랫동안 몸에 밴 것으로 본인만의 피우는 방식이 있으셨다. 담뱃대는 항상 두 개를 교대로 사용하셨다. 담뱃대가 너무 뜨거워져서 담배 맛이 변하는 것을 싫어하셨기 때문이다. 담뱃대에 담배를 채운 후 불을 붙여 천천히 태우시는 것을 좋아 하셨다.

_《궁중 50년》

골수 애연가다운 면모이다. 다카쓰카사 야스코鷹司綏子는 도쿠가와德川 종가 16대 당주堂主 도쿠가와 이에사토德川家達의 딸로 메이지 신궁 궁사였던 다카쓰카사 신스케鷹司信輔와 결혼하였는데, 가쿠슈인 여학부에 행차한 황후가 담배를 한시도 입에서 떼지 않던 모습을 기억하고 있다.

담배를 매우 좋아하시는 듯했습니다. 운동회 때 행차하셨는데 담배 상자를 바로 옆에 두시고 여관이 담뱃대에 담배를 채워 드리면 그것을 받아서 피우시곤 하셨습니다. 담뱃대를 손에 받아드시는 모습을 멀리서도 볼 수 있었습니다.

_메이지 신궁 숭경부인회《쇼켄 황태후 어곤덕록昭憲皇太后御坤德錄》

다카쓰카사에 의하면 데이메이貞明 황후(다이쇼 천황의 황후)는 황후 하루코(후의 쇼켄 황태후)의 친정집인 이치조 가문의 쓰네코一條経子(하루코 황후의 오빠인 사네요시実良의 딸 요시코良子와 데릴사위인 사네테루実輝 사이에서 태어난 딸)가 담배를 좋아한다는 얘기를 듣고 다음과 같이 말했다고 한다.

"역시 쇼켄 황태후 마마의 핏줄이야"라고 하시며 "쇼켄 황태후께서는 담배를 매우 좋아하시어 어디 행차가실 때도 준비가 다 되었다고 말씀드리면 반드시 담배 한 대를 피우시고 출발하시곤 했지."

_메이지 신궁 숭경부인회《쇼켄 황태후 어곤덕록》

쇼켄 황태후란 황후 하루코를 말하는데 데이메이 황후 자신도 담배를 좋아했다. 데이메이 황후 역시 담뱃대를 사용하여 잘게 썬 담배를 즐겼다. 이 시기 상류 계급에선 의외로 여성 끽연가가 많았다. 현재 우리가 전통적인 풍습으로 생각하는 것 중의 대부분은 중하급 무사의 생활습관을 기본으로 하는 것들이 많다. 예를 들면 "여자가 담배를 피우다니" 하고 눈살을 찡그리는 것도 그중 하나라고 할 수 있는데 생활풍습은 신분이나 계급에 따라 다르다는 사실을 고려할 필요가 있다.

출어는 오전 10시 30분

　나이기 안에서 분주하면서도 여유로운 아침을 보내고 있을 때 밖에서는 정무 준비가 착착 진행되고 있었다. 우선 시종직 출사가 나이기에 있던 서류나 서류함을 밖 어좌소로 가져다가 깨끗이 정돈해 놓는다. 그리고 시종과 무관들이 간단한 조회를 마치고 천황의 알현을 기다리는 대신들과 함께 복도에 줄을 선다. 모든 사람이 준비를 완료하고 천황의 근무 개시만을 기다린다.

　한편 서재에서 검과 시계를 두루 감상하고 서류 처리를 일단락 지은 천황은 드디어 어좌소 앞 복도로 향한다. 장지문이 활짝 열려 있는 이곳은 나이기 안에서도 햇빛이 잘 들고 각종 분재들이 놓여 있는 곳이다. 가지를 쭉쭉 뻗은 나무의 모습을 바라보는 천황의 얼굴에 편안한 미소가 떠오른다. 내원료內苑寮(궁중의 정원 및 조경을 담당하는 부서)에서는 이 분재들 관리에 특별히 신경을 써서 일주일마다 다른 분재로 바꿔 놓았다. 젊었을 때는 천황도 매일같이 승마를 즐겼기 때문에 계절의 변화를 자연에서 직접 느낄 수 있었지만 지금은 이 분재의 나무를 보고 느끼는 것이 전부였다.

분재 옆에는 검과 시계 외에 또 하나의 수집품이 있었다. 오르골이다. 전기를 싫어한 메이지 천황이 시계나 오르골과 같은 기계류를 좋아했다는 사실은 의외일 수도 있지만, 그것은 기계라기보다는 일종의 '(기계적인) 장치'라고 할 수 있다.

어좌소 밖으로 나선 천황의 얼굴에 바람이 스친다. 문득 고개를 들어 앞을 보니 쏟아지는 햇빛 속에서 중정에 깔린 잔디가 가늘게 흔들리는 모습이 눈에 들어온다.

드디어 밖으로 출어出御할 시간이 다가왔다. 천황은 옷방으로 돌아가 일본식 옷에서 군복으로 갈아입는다.

이때 전하의 복장은 검은색의 갈비뼈 무늬가 들어간 육군의 통상복이었는데 가슴에는 대훈장 외에도 적십자 기장이라든가 종군 기장, 오동나무 잎을 칠보로 디자인한 하급의 훈장 등을 빽빽하게 붙이고 계셨고, 허리에는 샤벨을 차고, 손에는 군모를 들었으며, 금색의 박차가 달린 단화를 신고 계셨다. 가끔씩 애

용하시던 순금 반지를 왼손에 끼고 계셨는데 음각으로 문양을
낸 것이거나 다이아몬드가 박힌 것이었다. 반지 두 개 정도가
손가락 사이에서 찬연히 빛나는 모습이 인상적이었다.

_〈메이지 궁정의 추억〉

　출어하는 천황을 배웅하기 위해서 황후가 독수리 그림 삼
나무 문 안쪽 문지방 앞에 무릎을 꿇고 앉아 기다리고 있다.
천황은 정중하게 절을 하는 황후 앞을 지나 활기찬 걸음으로
밖을 향해 걸어가는데 애완견이 그 뒤를 졸졸 따라간다. 그리
고 닭 그림 삼나무 문 앞에서는 시종직 출사 소년들이 '두세
개의 도장 문양이 들어간 이지梨地(표면을 배 껍질처럼 오돌토돌
하게 처리한 기법)에 가문家門의 문장紋章이 찍힌 열쇠 상자'를
들고 대기하고 있다.
　출어 시간은 시기에 따라 30분 정도 변동이 있었던 것으로
보이지만 이 책에서는 10시 30분으로 하겠다. 닭 그림 삼나무
문이 열리고 천황과 그 뒤를 따르는 소년들이 나이기를 뒤로
하고 나온다. 닫힌 삼나무 문 너머로 애완견 짖는 소리만 남
아 메아리친다.
　이렇게 나이기의 긴 아침은 끝이 난다.

학문소의 우아한 오전

2

학문소는 나라의 중추

오전 10시 30분, 시종직 출사 소년을 대동한 메이지 천황이 나이기를 나와 학문소 안에 위치한 '밖 어좌소'로 향한다. 도착하면 먼저 책상 한쪽에 모자를 놓고 검을 빼서 옆에 세워 놓는다.

"출어. 출어."

대신들 방을 돌며 소년들이 천황의 도착을 전한다. 나이기에서 말 전하기 게임을 하는 것과는 사뭇 다르다. 이미 대기해 있던 시종이나 시종무관들이 시종 대기소에서 나오는데 이때 밖의 애완견이 대기실 의자 위 방석에서 내려와 그 뒤를 따른다.

밖 어좌소 앞 복도에도 안과 마찬가지로 형형색색 아름다운 분재가 놓여 있다. 신하들은 시종과 시종무관 순서로 열을 지어 어좌소 중앙에 서 있는 천황을 향해 한 사람씩 묵례로 아침 인사를 한다. 숙직하는 사람이 있기 때문에 시종 전원이 모인 것은 아니다. 미리 출근자를 파악하고 있는 천황은 지시할 사항이 있으면 이때 지시한다. 전쟁 중과 같이 비상시에는 군신 모두가 눈이 돌아갈 정도로 바쁘게 움직이지만 평상시에는 이렇다 할 용무도 없다. 특별한 지시가 없으면 시종과 시종무관은 그대로 대기소로 돌아간다. 애완견만이 어좌소 안에 남아 있다. 학문소에는 나이기의 몇 배나 되는 남자들이 근무하고 있지만 부산스러움이나 소란스러움은 전혀 찾아볼 수가 없다.

학문소는 나이기와 궁전 사이에 있는 2층짜리 작은 건물로 앞 뒤 건물과는 회랑으로 연결되어 있다. 일반적으로 학문소라고 하면 천황의 집무실을 가리키는 경우와 집무실이 있는 건물 전체를 가리키는 경우가 있다. 이 책에서는 혼란을 피하기 위해 당시 일상적으로 사용하던 건물 1층을 '학문소'라고 하고, 그 안에 있는 집무실을 '밖 어좌소'라고 한다.

학문소는 네 개의 방으로 되어 있다. 모든 방에 융단이 깔려 있으며 그중 하나가 밖 어좌소이다. 남향인 이 방에는 양쪽에 서랍 달린 큰 집무실 책상이 놓여 있고 책상에는 비단으로 된 테이블보 위에 서류가 항상 산더미처럼 쌓여 있다. 검은 옻칠을 한 의자에는 금으로 된 마키에蒔絵(칠공예 중의 하나로, 옻칠을 한 위에 금·은의 가루나 색가루를 뿌려 기물의 표면에 무늬를 나타내는 공예)가 그려져 있고 그 의자 밑에는 머리가 붙은 백곰의 모피가 깔려 있다. 소노 사치코園祥子 권전시가 메이지 신궁에 봉납한 사진에 의하면 이 방에는 벽난로가 있었으며 그 위로는 큰 거울이 천장까지 닿아 있고 천장에는 샹들리에가 달려 있었다. 방 전체는 서양식이면서도 방 한쪽에는 일본 전통의 도코노마가 있는, 말하자면 혼합형이었다. 그리고 두 번째 방에는 모피와 시계가 장식되어 있는데 시종직 출사였던 소노이케 긴유키는 이 방에 있던 오르골 시계를 똑똑히 기억하고 있다.

높이가 3척 정도 되는 탑 모양의 시계였는데 네 귀퉁이에 유리관을 꼰 것 같은 기둥이 탑의 맨 위 지붕을 떠받치듯이 되어 있었다. 정시가 되면 오르골이 울리기 시작했는데 이때 네 귀퉁이의 유리관이 돌기 시작하여 마치 폭포수가 떨어지는 듯이 보였다. 탑 상부에는 작은 방이 있어서 종이 울릴 때마다 문이 양쪽으로 열리면서 양손에 복숭아를 든 원숭이가 나와서 그 복숭아를 앞으로 내밀도록 되어 있었다.

_〈메이지 궁정의 추억〉

사람들이 이런 물건을 보고 신기해하는 것을 천황은 무척 좋아했다.

　다른 두 개의 방은 예비 방(세 번째 방)과 물건을 놔두는 보관실이었다. 이와 같은 1층 네 개의 방 주위에는 안과 마찬가지로 넓은 복도인 이리카와가 둘러져 있었으며 그곳에는 시종들이나 알현을 기다리는 사람들이 대기하고 있었다. 중정을 사이에 두고 반대편에는 내대신실과 시종장실, 비서관실 같은 방들이 이어져 있었으며 궁전과의 사이에는 시종 대기소가 자리 잡고 있었다.

　전체적으로 학문소는 검소한 분위기였는데 이 건물이야말로 근대 일본의 중추였다. 나이기에서 '마마'로 불리던 천황은 학문소에 들어서면 국가의 '대원수'로 바뀐다. 나이기와 학문소를 연결하는 어두컴컴한 회랑은 중세에서 근대로 넘어가는 타임터널과도 같았다.

까다로운 알현 규칙

아침 인사를 하려는 시종들만이 천황의 출어를 기다리는
것은 아니었다. 대신이나 장군들도 복도 의자에 진을 치고 천
황의 판단이나 재가를 구하고자 알현을 기다리고 있었다.

시대는 근대이지만 장소가 궁중인 만큼 제아무리 급한 일
이라도 알현을 하려면 정해진 수순에 따라야 했다.

예를 들어 오쿠마 시게노부大隈重信(메이지 시대의 정치가로 외무
대신과 총리대신을 지냈으며 와세다 대학교 창립자이기도 하다)가 알
현을 청하면 우선 그것을 전하께 고하고 전하께서 별 문제 없다
판단하시어 "오쿠마를 부르거라"라고 하신다. 그러면 시종장이
있는 데서 기다리고 있던 오쿠마 시게노부에게 "드시라 하오"라

고 전한다. 그러면 오쿠마 시게노부는 육중해 보이는 지팡이를 짚고서 어좌소를 향해 한 발 한 발 걸음을 옮겨 궁전으로 가는 입구 쪽 벽에 지팡이를 세워두고 다시 한 발 한 발 옮겨 어좌소 안으로 들어간다.

_〈메이지 궁정의 추억〉

알현을 하고자 하는 사람은 먼저 시종장이나 시종에게 신청을 해야 한다. 그러면 시종은 시종직 출사를 시켜 천황에게 전하도록 하고 천황으로부터 허락이 내려지면 드디어 그들이 황공해하는 알현이 시작된다. 시종이 천황에게 직접 전하면 알현이 좀 더 빠르게 진행될 수 있지만 어떠한 경우에도 전달은 시종직 출사를 통해서만 하도록 되어 있다.

시종직 출사는 천황과 그 외의 사람을 연결하는 것이 주된 역할이었으므로 항상 밖 어좌소 앞 복도에서 대기하고 있었다. 하지만 알현이 시작되면 정치에 대한 내밀한 이야기를 듣지 않도록 정위치에서 물러난다. 그리고 내방자가 물러간 다음에 다시 정위치로 돌아간다. 알현 내용이 정치적인 이야기가 아니면 한 시간이고 두 시간이고 복도에 선 채 끝나기를 기다려야 했다. 나이 어린 아이들에게는 고된 일이 아닐 수 없었다.

천황께서 시종한테 전달할 사항이 있는 경우에도 그 중개는 소년들이 했다. 시종직 출사였던 보조 도시나가에 의하면 천황 쪽에 지시사항이 있으면 우선 소년들이 그것을 천황의 집무 책상 옆 테이블에서 연필로 받아적었다. 그리고 그것을 붓으로 정서해서 천황의 확인을 받은 다음 시종에게 가져갔다.

필기하는 데 30분이나 걸리는 일이 하루에 한 번씩은 꼭 있었다. 받아적는 중에 혹시라도 우리가 모르는 어려운 말이나 생소한 글자가 있으면 전하께서 하나 하나 가르쳐주시곤 했다.

_《궁중 50년》

이처럼 시종직 출사는 궁중에서 장식품과 같은 존재가 아니라 학문소의 실무를 담당하는 어엿한 직원 중의 하나였다. 메이지 시대 이전에도 공가의 자제들은 어린 나이부터 궁정에 출입하면서 어른들 사이에서 일하는 것을 배웠다. 《겐지 이야기》에도 귀족의 자제들이 궁중에서 일하는 모습들이 많이 그려져 있다. 시종직 출사는 그러한 일본의 전통 궁정 교육이 계승되어 메이지 시대에 구현된 대표적인 예라고 할 수 있다.

천황도 소년들의 교양을 높이기 위한 노력을 게을리하지 않았다. 그렇다고 무조건 훈육만 하는 교육을 실시한 것이 아니었다. 소년들의 건강을 위해 운동을 시키거나 자칫 따분해지기 쉬운 근무 시간을 재미있게 보내도록 갖가지 놀이를 고안해냈다. 교육자로서의 천황은 소년들에게 선생님이 되지만 그와 동시에 아버지와도 같은 존재였다.

그 시종들을 통해 알현을 할 중신이 어좌소로 들어서면 메이지 천황은 시종 없이 혼자 있었다.

알현 진언은 처음부터 끝까지 기립하여 받으셨다. 군의 특명 검열사 진언 때는 관하의 사항과 서류에 대한 상세한 설명으로 한 시간 반이나 걸렸는데도 내내 기립하고 계셨다. 가끔 하문도 하셔서 물러나는 장군들은 여름이 아니더라도 온몸이 땀으로 범벅이 될 정도로 매우 긴장하고 있었다.

_《궁중 50년》

이것은 측근의 회상록과도 일치하는 내용으로 메이지 천황은 나이기에서도 그랬듯이 중간에 한 번도 의자에 앉지 않고 처음부터 끝까지 서서 알현에 응했다. 오히려 상대편에서 못 참는 경우가 있었다고 한다.

황족이 알현을 왔을 때도 양쪽이 모두 기립한 상태에서 대화가 진행되었는데 예외적으로 의자에 앉은 인물들이 있었다. 아리스가와 다케히토有栖川威仁 친왕과 이토 히로부미伊藤博文, 야마가타 아리토모山県有朋 등이다. 보조가 특히 이토는 "어전에 나갈 때는 보통 검을 빼고 들어가는데 그 사람만은 찬 채로 들어갔습니다" "팔꿈치를 의자에 기대고 편안한 자세로 이야기를 나누었습니다"(《메이지 대제의 일상을 추억하다》)라고 하는 것처럼 별격이었던 듯하다.

정치상의 업무 외에 의례적으로 하는 알현도 있었다. 한 달에 한 번 '사향간지후麝香間祗候(화족이나 신임 관리, 유신에 공로가 있는 자를 우대하기 위해 설치된 자격으로 원래 사향방에서 알현이 이루어진 데서 붙은 명칭이다)'(《메이지 궁정의 추억》)라고 불리는 명예직 사람들의 알현이다.

도쿠가와 가의 이에사토 공을 필두로 한 명문의 공후백작 일고여덟 명이 일렬로 밖 어좌소 앞 복도로 줄지어 온 다음 일동이 정렬해서 폐하께 인사드리는 것이다. 이때 이에사토 공이 대표로 한 말씀 아뢰게 되는데, 옛날 같으면 "아름다운 용안을 알현하나이다"라는 말을 했겠지만, 지금은 시대가 바뀌어 지극히 간단하게 아뢴다. 그러면 폐하는 그저 "네" 하고 대답을 하시게 되는데 그것으로 알현은 끝난다.

_〈메이지 궁정의 추억〉

도쿠가와 이에사토는 도쿠가와 가의 당주로 에도 시대로 말하자면 쇼군이 되는 인물이었다. 메이지 36년(1903)부터 쇼

와 8년(1933)까지 30여 년이 넘게 귀족원 의장을 지내 정계에
서는 매우 중요한 존재였다. 궁정 의례의 주된 목적은 폐쇄된
신분사회 속에서 서로의 상하 관계를 확인하려는 것이다. 알
현 의식은 어떻게 보면 형식적인 것으로 별 의미가 없어 보이
기도 한다. 하지만 원래의 목적은 충분히 달성되었다고 할 수
있다.

천황을 무서워한 황태자

밖 어좌소에 알현을 청하는 많은 사람들 중에 토요일 오전이면 항상 방문하는 사람이 있었다. 황태자, 즉 다이쇼 천황이다. 황태자는 매번 육군 군복을 입고 왔다고 한다. 메이지 천황은 몸이 허약한 황태자를 항상 마음에 두고 염려했으며 황태자로 정해졌을 때는 대연회를 열어 신하들과 함께 기뻐했다고 한다. 그러나 시종이었던 히노니시 스케히로가 보기에는 황태자에게 천황은 부친으로서 너무도 큰 존재였다고 한다.

동궁마마께서는 어렸을 때는 그렇지 않았는데 성장하실수록 점점 전하를 어려워하시는 기색이 역력하셨습니다.

_《메이지 천황의 일상》

황태자는 천황이 알현 중이 아닐 때는 직접 대면할 수 있었다. 하지만 반드시 시종을 통해서 천황의 기분을 먼저 확인한 후에 알현을 하였다고 한다. 황태자가 들어갈까 말까 우물쭈물하는 사이에 다른 대신들이 먼저 알현을 신청하는 바람에 하는 수 없이 시종 대기소에서 한 시간씩 기다린 적도 있다고 한다.

어전에 납시면 전하께서도 이런저런 말씀을 하시며 친근하게 대하셨습니다. 동궁마마께서 걱정하시는 일은 전혀 일어나지 않는데도 혹시라도 전하께서 대답하기 어려운 질문이라도 하시면 어쩌나 하고 언제나 노심초사하는 모습이셨습니다.

_《메이지 천황의 일상》

메이지 천황이 자식을 걱정하는 부모 마음으로 이런저런 조언을 한 것을 황태자는 너무 심각하게 받아들인 것 같다. 학문소 어좌소에서 대면한 천황과 황태자는 언제나 서먹서먹하고 어색한 사이처럼 보였다.

두 분은 항상 선 채로 띄엄띄엄 이야기를 나누셨다. 당연히 황태자 전하의 의자도 준비가 되어 있었지만 혼자만 앉으실 수는 없었다.

_〈메이지 궁정의 추억〉

부자간에 대화가 순조롭게 진행되지 않는 것은 일반 가정에서도 흔히 볼 수 있는 일이다. 세대 차이나 성격 차이로 거리감이 있었던 것은 두 사람도 마찬가지였던 것 같다.

천황과의 면회를 마치고 나면 황태자는 황후 하루코에게로 향했다. 뒤를 따르던 시종직 출사가 닭 그림 삼나무 문 앞에서 걸음을 멈추고 그 문을 여는 순간에 황태자는 힘들었던 밖에서의 시간에서 벗어나 편안한 안의 세계로 들어서게 된다. 일정대로 제 시간에 모습을 보이지 않는 황태자 때문에 나이기 여관들은 안절부절못하면서 기다렸다고 한다.

삼나무 문 안쪽에는 두세 사람의 여관이 기다리고 있다가 "평안하시옵소서" 하고 저마다 인사를 했다. 전하는 아직 나이가 젊으셔서 안도감으로 환해진 얼굴로 황후 전하가 준비해두신 의자에 앉으시곤 했다.

_〈메이지 궁정의 추억〉

황태자가 면회하는 것은 어디까지나 황후 하루코였지 생모 야나기와라 나루코柳原愛子가 아니었다. 야마카와 미치코에 의하면 황후의 거처에서 황태자 접대는 나이든 여관이 했다고 한다. 야나기와라 나루코가 원래 메이지 천황의 어머니인 에이쇼英照 황태후의 여관이었기 때문이다. 같은 일이 두 번 일어나지 말라는 법은 없다. 옛날 같으면 아름다운 궁정의 러브 스토리가 될 만한 일도 이 시대에는 일어나면 안 되는 금기사 항이었던 것이다. 근대화라는 신식의 시스템과 궁정의 풍아함 은 서로 맞지 않는 셈이다.

시종의 우아한 일상

천황이 오전에 알현을 하며 분주하게 보내고 있는 동안 학문소 안에서 가장 한가한 곳은 시종 후소侯所라는 복도의 일각이었다.

후소는 시종 대기소보다 바닥이 두 단 정도 높은 곳으로 밖어좌소의 북쪽 복도에 있었는데 그쪽으로 통하는 문은 낮에는 항상 열려 있었다.

_〈메이지 궁정의 추억〉

시종들에게도 전용 대기실이 있었지만 밖 어좌소에서는 거리가 멀었기 때문에 천황이 출어 중일 때는 이곳이 대기실로 쓰였다. 그 외에도 시종직 출사가 정치적인 알현이 있을 때, 정위치에서 물러나 잠시 대기를 하거나 황태자가 알현 전에 천황 어좌소에 바로 들어가지 못하고 머뭇거리는 장소가 되기도 하였다. 또한 이곳은 시종무관들의 대기실이 되기도 하였는데, 시종무관이라는 관직이 청일전쟁 후에 개설된 관계로 학문소 내에는 전용 방이 없었기 때문이다. 시종무관은 천황 출어 중에는 시종과 같이 행동해야 했다.

앞에서도 이야기했듯이 학문소 안에는 '안'과 마찬가지로 '이리카와'라고 불리는 넓은 복도가 있었다. 안에서 권전시, 권장시들이 이 복도에 대기하고 있는 것처럼, 밖에서는 시종들이 대기하고 있었다. 학문소는 서양식 건축양식을 따르면서도 기본적으로는 각 방을 독립적으로 고정하지 않고 용도에 맞춰 칸막이를 사용하는 일본 전통의 신데즈쿠리 양식으로 되어 있었다.

이 복도에는 중간에 문이 달려 있었는데 정치상의 중요한 이야기가 밖으로 새어나가는 것을 방지하기 위해서였다. 이 점에서 천황의 사생활을 위한 장소인 안과 달랐다. 시종 후소에는 의자나 테이블이 놓여 있어 알현을 하고자 하는 대신이나 쇼군들의 대기 장소로도 쓰였다. 시종은 담배를 피우면서 대기 중인 그들과 상대하곤 했다.

근대적인 밖은 안과 달리 신분이 아니라 능력에 따라서 직

분이 정해졌다. 시종을 비롯한 학문소 직원들의 업무는 다음
과 같았다.

- 시종장: 천황을 가장 가까운 곳에서 보좌하는 측근 중의 측근
  으로 수상과 군인을 천황과 연결시키는 역할을 하였으며 중
  신의 알현에도 관여하였다.
- 시종: 공사 모두에 관여하여 비서와 같은 역할을 했다. 시종
  장 아래에서 천황을 보좌하는 역할을 했는데 그 업무 내용은
  다양했다. 나이기의 여관과 달리 그 출신이 공가에만 한정된
  것은 아니었다.
- 시종무관장: 시종무관부의 장으로 천황의 군사적 보좌 역할
  을 하였으며 중장과 대장급의 고위관직이 임명되었다.
- 시종무관: 군에서 시종무관부에 파견된 사람으로 말하자면
  군 관계 전문 시종이다. 성적이 우수한 젊은 엘리트를 발탁하
  며 파견하였는데 몇 년간 근무하면 다른 사람과 교대하여 군
  으로 돌아갔다.
- 내대신: 궁중에서 천황을 보좌하는 역할을 하였다.
- 내대신비서관: 소서나 칙서와 같은 문서 업무를 담당하는 내
  대신부의 직원을 말한다.
- 내사인: 천황의 신변 잡용을 담당하는 시종의 속관을 말한다.
- 사인: 궁정 안의 잡일에 종사하는 역할을 하였다.

그 외에도 이들 궁정의 신하와 천황 사이에서 가교 역할을 한 시종직 출사도 중요한 직원이었다.

학문소의 신하들은 크게 두 부류로 나뉘었다. 하나는 시종, 내사인, 사인과 같이 평생을 궁중에서 보내는 사람들이고, 다른 하나는 시종무관, 내대신비서관과 같이 일정 기간만 궁궐에서 근무하는 사람들이다. 이들은 서로 협력하여 업무를 처리하도록 되어 있었다.

이와 같은 직제 속에서 오랫동안 메이지 궁전의 학문소장을 맡은 사람이 있었다. 도쿠다이지 사네노리德大寺實則이다. 그는 내대신과 시종장이라는 중직을 독점하고 궁중에 군림하였지만 인격적으로 정직하고 권력에 대한 욕심이 없었기 때문에 많은 사람들로부터 신뢰와 존경을 받았다.

그럼, 그들의 일상적인 업무에는 어떤 것들이 있었을까.

보통은 특별한 용무가 없었기 때문에 시종 후소라고 불리는 대기실에서 신문을 읽거나 담배를 피우면서 시간을 보냈다.

_〈메이지 궁정의 추억〉

이 구절만 보면 이보다 더 한가롭고 풍치가 있고 조촐한 일은 없을 것 같다.

시종의 업무는 간단히 말하자면 공사에 걸쳐 천황 주변의 일을 처리하는 비서직이라고 할 수 있다. 예를 들면 재난피해 지역이나 전쟁터를 시찰하여 천황에게 보고하거나 천황의 행차에 앞서 그 지역을 미리 답사하여 보고하기도 했다. 그리고 군사 대훈련이 있거나 히로시마広島 진영에서 체재하는 일이 있을 때는 천황의 식사나 의복에 대한 시중을 들면서 여관이 궁에서 하는 일을 대신하기도 했다. 시종은 천황의 뒤를 그림자처럼 따르며, 글자 그대로 천황의 수족이라고 할 수 있는 관직이었다.

그에 비해 시종무관은 군사 쪽 일을 담당하는 비서였는데 평상시에는 업무가 시종과 겹치는 경우가 많았다. 시종과 같이 숙직도 하였으며 군사 대훈련 때는 여관의 역할까지도 했다.

한가할 땐 승마 연습

전쟁과 같은 비상시가 아니면 알현은 그다지 많지 않고 학문소의 일도 적어진다. 그렇게 한가할 때 천황이 신하들에게 하도록 시킨 것이 있었다. 승마였다. 이것을 보통 '운동승마運動乘'(《메이지 천황의 일상》)라고 불렀다.

메이지 천황은 신하들에게 승마를 시킬 때 모든 것을 손수 정하고 따르도록 했다. 우선 천황은 누가 어느 말을 탈 것인지 일일이 조를 짜주었다. 이것은 천황이 이미 모든 말의 이름과 성질을 파악하고 있을 뿐 아니라 시종들의 운동 능력까지도 다 알고 있었다는 뜻이 된다. 그리고 천황은 '운동승마'에 여러 가지 규칙을 정했는데, 그 첫 번째 규칙이 자기가 좋아하는 말에는 탈 수 없다는 것이었다.

가끔씩 시종직 출사에게 승마를 시키는 일도 있었다. 소년들은 아직 어리기 때문에 먼저 연습을 하도록 하였는데 이때 교관이 될 시종까지도 미리 지명해 놓았다. 보조는 15세가 되었을 때 "가장 얌전하고 순한 '귀족'이란 말을 타거라"(《궁중 50년》)라는 지시를 받았다고 한다. 그리고 '귀족'을 반년 정도 타고난 다음에 '좀 더 예민한' 말로 옮겨탔다. 말하자면 천황은 학교 동아리의 코치와도 같이 제자인 보조의 실력을 차근차근 단련시켜나간 것이다. 그러한 천황의 코치로서의 세심한 배려는 보조의 복장에까지도 미쳤다.

처음에 승마를 하도록 명하시면서 울 셔츠를 수선해서 입으라고 주셨다. 별도의 승마복이 있던 때도 아니었기 때문에 보통 입는 셔츠의 사이즈를 줄여서 입으라고 주신 것이었다. 나는 그 옷을 감사히 받아서 수선을 한 다음 승마 때마다 착용했다.

_《궁중 50년》

참으로 친절한 지도였다고 할 수 있다.

소노이케도 메이지 천황이 "소노이케는 몸이 비실비실해서 못 써. 몸이 튼튼해지려면 승마를 해야지"(〈메이지의 소성明治の お小姓 4〉)라며 내린 명령으로 승마를 시작했다고 한다. 그런데 소노이케는 여름이면 하마리큐浜離宮(도쿄 만 해변에 위치한 공

원. 원래는 도쿠가와 집안의 별장이었던 것을 메이지 시대가 되면서 궁내성 소속의 정원으로 바꿨다)의 연못에서 물놀이를 하며 노는 것을 더 좋아했다. 수영으로 새까맣게 탄 그의 얼굴을 보고 천황은 "소노이케는 요즘 승마를 열심히 해서 새까맣게 탔구나"라며 만족스러워했다고 한다. 어릴 때부터 궁중에서 일한 소년들은 어떻게 해야 천황이 기뻐하는지 잘 알고 있었다.

이 일은 별 문제 없이 무사히 넘어간 사건 중 하나이다. 천황이 시킨 승마에는 운동승마 외에 '외근승마外乘'라는 것이 있었다.

예를 들면 궁전의 이누이 문乾門에서 이치가야市ヶ谷의 사관학교까지 보통 속도로는 몇 분이 걸리는가, 또 거리는 어느 정도 되는가, 참모 본부에서 해군 대학까지는 몇 분이 걸리는가, 그리고 간혹 호리키리堀切의 창포 꽃은 만발해 있는가, 오가사하라시마小笠原島에서 헌상한 붕어 새끼를 하마리큐 연못에 놔줬는데 그후에도 잘 놀고 있는가 등의 사항에 대해서 알아오도록 과제를 내리셨다. 이 경우에도 타고 나갈 말은 어떤 말이고 수행할 내사인은 누구인지 일일이 지정해주셨다.

_〈메이지의 소성 4〉

그렇다면 천황은 왜 그런 것들을 알고자 했을까. 천황이 단

발적으로 하는 질문에는 특별히 '왜' 또는 '무엇을 위해서'라는 이유가 없었다. 천황은 단순히 몇 분이나 걸리는지를 알고 싶었을 뿐이지 뭔가를 결정하기 위한 자료가 필요했던 것이 아니었다. 외근승마는 시종이 여러 곳을 돌고 와서 보고를 하는 것이기 때문에 외부 상황이나 계절 변화를 알 수 있다는 이 점은 있었다. 하지만 '어디까지 시간이 얼마나 걸리는가' 또는 '어디까지 거리는 어느 정도 되는가'와 같은 질문은 메이지 천황의 단골질문으로 앞으로도 이 책에 수차례 등장한다.

이와 같이 별다른 이유가 없는 일에도 천황은 자신의 명령에 절대적으로 복종하도록 했다고 한다. 그렇다고 해서 그가 측근들에게 폭군처럼 대했다는 말은 아니다. 명령이라고는 하지만 단순히 시간을 보내기 위한 것이 많았고, 승마 같은 것은 오히려 신하들의 건강을 위한 것이기 때문이다. 기질을 이해하고 감정의 추이만 잘 파악하면 메이지 천황은 오히려 보좌하기 쉬운 사람일 수도 있었다.

1888년에 촬영한 메이지 천황의 모습(출처 :《天皇四代の肖像》, 東京, 日本, 每日新聞社)

측근의 조건

그런 천황을 가까이에서 보좌하는 사람이 측근인 시종들이 었는데 시종들의 역할은 매우 세분화되어 있었다.

검 담당자: 요네다米田, 히노니시日野西

도구 담당자: 기타조北条, 사와澤

서적 담당자: 기타조北条, 사와澤

말 담당자: 히네노日根野, 히로하타廣幡

전리품 담당자: 히노니시日野西, 시미즈야淸水谷

의복 담당자: 히가시조노東園, 히네노日根野

_《메이지 천황의 일상》

시종무관도 마찬가지였다. 메이지 38년(1905)부터 40년 (1907)까지 시종무관을 지낸 시라이 지로白井二郎는 전리품 수집을 담당하였는데 평상시에는 히노니시와 함께 전리품을 정리하는 일을 했다.

그런데 이들의 담당 업무는 메이지 천황이 직접 정한 것으로 그들의 적성과 능력에 반드시 맞는 것은 아니었다.

히가시조노 시종은 공경公卿(일본의 율령제도에서 종3위 이상의 고위 관직을 말하며 근대 이후 신분제가 없어지면서 화족이 되었다)이셨기 때문에 의복 문양에 대해서 어느 정도 알고 계셨습니다만, 히네노 시종은 도사土佐 지방(지금의 고치 현)의 사족土族으로 의복 문양 같은 것은 전혀 모르셨습니다. 어쩌다가 한 번 천황께서 히네노 시종에게 의복을 담당하도록 명하신 적이 있었습니다만 매우 서투르셨습니다. 그래도 전하는 전혀 개의치 않으셨습니다.

_《메이지 천황의 일상》

메이지 천황은 어떤 사람으로 한 번 정해지면 계속해서 그 사람만 쓰는 식이었다. 특히 측근으로 일하는 사람에게는 그러한 경향이 더욱 강했다. 천황이 시종이나 시종직 출사가 바뀌는 것을 꺼려해서 시종직 출사 소년들이 학교에 복학하는 것조차 어려움을 겪을 정도였다. 그는 밖으로는 근대 일본이

표방한 '적성과 능력에 맞춰서 채용하는' 실리주의를 수용하면서도 정작 자신의 주변인 안에서는 그렇게 하지 못했던 것이다.

그러면 천황은 그 많은 사람들 중에서 어떤 사람을 측근으로 정했을까. 측근으로 선택받기 위해서는 두 가지 기본 조건이 있었다.

첫째는 정직한 성품을 가져야 했다. 메이지 천황은 약삭빠르게 행동하는 사람을 매우 싫어했다. 거짓말을 하거나 변명을 늘어놓는 사람을 신용하지 않았다. 때로는 새로 들어온 사람을 몰래 테스트해보는 경우도 있었다고 한다. 그래서 마음에 들면 일을 잘 못하는 사람이라도 자신의 곁에 오래 두고 측근으로 삼았다. 시종무관으로 후에 황족과 연척관계가 된 미부 모토요시王生基義는 이것을 '인간성 테스트'라고 불렀다.

때때로 시계나 서적을 본인이 슬쩍 빼놓고 그것을 갖고 오도록 사람을 보내셨습니다. 변명만 늘어놓고 이리저리 둘러대면 안 되고 시키신 대로 정직하게만 하면 크게 야단치시는 일은 없으셨습니다. 만일 요령을 피워서 목록만 보고 그 자리에 없었다고 한다든지 해서 대충 넘어가려고 하면 크게 주의를 받았습니다.

_《담화기록집성談話記錄集成》 제6권

특히 이 인간성 테스트에서 중요한 것이 정직성이었다.

 이것저것 같이 연관시키는 것을 대단히 싫어하셔서 정확히 그 용건에 대한 것만을 문제 삼으셨습니다. 그리고 애매하게 말하는 것도 싫어하셔서 만일 이것도 저것도 아닌 대답을 하면 "도대체 자네는 무슨 말을 하고 있는 건가" 하고 꾸지람을 내리셨습니다. 또 기물을 깨뜨렸을 때도 곧바로 잘못을 말씀드리고 용서를 빌면 그것 때문에 큰 벌을 내리지는 않으셨습니다. "앞으로는 조심하게" 정도로 지나갈 수 있었습니다. 하지만 그 사실을 어설프게 숨긴다든가 다른 사람한테 덮어씌운다든가 하면 불호령이 떨어졌습니다.

_《메이지 천황의 일상》

 두 번째는 '명령에는 절대적으로 복종'해야만 했다. 천황은 측근이 자신의 명령을 한마디도 어기지 않고 행동으로 옮기는 것을 좋아했다. 설사 일을 효율적으로 하려고 한 의도에서 비롯된 것일지라도 자신의 명령에서 벗어나는 일이 있으면 혼을 냈다. 무조건 명령대로만 해야 했다.

 히노니시는 시종인 히가시조노 모토요시가 천황에게 꾸지람 들었던 일을 기억하고 있다. 히가시조노가 히가시야마東山 문고의 칙사로 파견되었을 때의 일이었는데, 예정보다 일이 빨리 끝나서 하루 일찍 도쿄에 돌아왔다고 한다. 본인이 없을 때는 의복에 대해서 잘 모르는 히네노 시종이 그 일을 맡아야 하는 것이 마음에 걸렸던 것이다. 그런데 그것이 천황의 심기를 건드린 것이다. "결국 그날 밤에 교토로 도망치듯 다시 돌아갔습니다"라고 한다.

만일 "언제까지 하라"는 말씀이 있으시면 설사 할 일이 없더라도 그날까지 그 일을 하지 않으면 안 되었습니다.

_《메이지 천황의 일상》

히가시조노가 그후에도 궁중에서 근무한 것을 보면 그 사건으로 천황이 그를 불성실하다고 낙인찍은 것은 아닌 것 같다. 하지만 그 일이 천황한테 신임을 얻기 이전에 생겼다면 분명히 파면되었을 것이다. 미부 모토요시에 의하면 그런 식으로 실제로 파면된 시종직 출사도 있었다고 한다.

히노니시는 히가시조노의 사건에서 배운 덕에 조사차 오카야마岡山에 갔을 때 5일 예정이었던 일이 이틀 만에 끝났어도 돌아오지 않고 그곳에 있었다고 한다.

나머지 3일은 주변 명소를 견학하든지 해서 5일을 다 채우고 돌아왔습니다. 황송한 일이기는 합니다만, 전하께서 말씀하신

시간에 맞춰야 한다는 것이 우리들 사이에서는 하나의 불문율
처럼 되어 있었지요.

_《메이지 천황의 일상》

또 은어를 잡아오라는 명을 받았을 때도 히노니시는 가장
좋은 은어를 천황에게 바칠 것으로 남겨두고 나머지를 그 자
리에서 먹으면서 "사나흘을 재미나게 놀았습니다"라고 하는
것처럼 명받은 기간을 요긴하게 잘 썼다고 한다.

우리 사회는 어떤 목표가 정해지면 최단의 시간과 최소의
노력으로 그 목표에 도달하는 것을 지향한다. 즉 지금 상태에
만족하지 않고 더 나은 '개선'이나 '개혁'을 위해 노력해야 하
는 것이다. 그러나 그와 같은 근대적인 생각은 중세적인 일본
궁정에서는 받아들여지지 않았다.

궁정이 바라는 것은 현재도 과거와 마찬가지로 멋있고 근사
한 모습으로 존재하는 것이다. 그러므로 과거에 이상 세계를
만드는 데 기초가 된 제도를 가능하면 바꾸지 않으려고 한다.
현재의 궁정이 모범 사례로 삼고 따르려는 것은 과거의 궁정
이고, 결국 고정된 신분제도 안에서 집안 대대로 내려오는 관
직은 그대로 이어지는 것이다. 효율성이나 합리성은 변화를
원하지 않는 사회에서는 필요하지 않으며 때로는 '개혁'이 이
제까지 이어져 온 생활을 뒤흔드는 위험한 것이기도 하다.

그들의 생각에 효율성이나 합리성이란 없었다. 무식해서 효율성과 합리성을 모르는 것이 아니라, 그들의 사회에는 그것이 맞지 않았던 것이다. 그들에게는 자신들의 사고방식을 바꾸고자 하는 마음이 조금도 없었다. 자신의 가치를 증명하는 것은 스스로의 능력이 아니라 그 사회 속에서 태어났다고 하는 사실 그 자체라는 것을 아주 잘 알고 있었기 때문이다.

전통을 이어야 하는 천황의 고뇌

건강을 위해 시종들에게 승마를 시킨 천황이지만 정작 본인은 승마는커녕 산책조차 하지 않았다. 건강을 걱정한 시의들이 적극적으로 운동을 권유했음에도 천황은 좀처럼 움직이려고 하지 않았다. 하지만 천왕도 젊었을 때는 아카사카 임시 궁전에서 매일같이 먼 거리를 승마로 다닐 정도로 원래부터 운동을 싫어한 것은 아니다.

시종무관이었던 마쓰무라 다쓰오松村龍男는 천황이 메이지 궁전 안에서 산책을 중단하게 된 작은 사건이 있다고 한다.

눈에 띄지 않도록 정원사나 그 외의 사람들을 미리 비키도록 해놓았었는데 그날따라 공교롭게도 전하께서 지나시는 길에 정원사 두세 명이 있었습니다. 그들이 황공해서 어쩔 줄 몰라 하는 모습을 보시고는 "내가 나가면 문제가 많이 생기니 이제부터는 내가 안 나가는 것으로 아랫사람들이 곤란 겪는 일은 없도록 하겠다" 하시면서 그만두셨습니다.

_《담화기록집성》 제5권

여관에 대한 부분에서도 이야기한 것처럼 궁정에서는 허용된 신분의 사람들만 서로 얼굴을 마주칠 수 있다. 천황이 승마나 산보를 하면 아랫사람들은 일단 하던 일을 중단하고 그 자리를 비켜야 한다. 사인이었던 오가와 가네오小川金男도 메이지 천황과 직접 얼굴을 마주친 적이 단 한 번도 없었다고 한다.

매일 해야 하는 일 중에 경비 서는 일이 있었다. 이것은 궁전 각 장소의 정해진 곳에서 한 시간씩 교대로 경비를 서는 것이다. 경비를 서는 장소로는 궁전 입구나 차가 들어와서 서는 곳, 그 외의 중요한 요지 등이 있었다. 이궁離宮에서 그런 것처럼 통로의 한쪽 모퉁이에 흰 나무로 된 목책이 세워져 있고 그 안에는 무지無地로 된 금병풍이 쳐져 있다. 전하가 통과하실 경우에는 사인이 병풍 뒤로 가서 숨을 수 있도록 해놓은 것이다. 그러므로 전하께서 사인의 얼굴을 볼 일은 전혀 없었고 사인이 전하의 모습을 보는 일은 더더욱 없었다.

_《궁정》

이전에 천황이 살았던 아카사카 임시 어소는 원래 기슈紀州 (현재의 와카야마 현과 미에 현) 지방의 번주藩主 저택으로 무가의 가옥 구조로 되어 있었기 때문에 궁정의 모든 규칙을 다 지킬 수 있는 여건이 못 되었다. 그리고 메이지 천황 자신도 청년 시절에는 규칙에 얽매이지 않고 자유롭게 행동하는 것을 좋아했다. 그렇게 운동과 산책을 즐기던 천황이 메이지 궁전으로 옮겨오고 난 다음부터는 주위 사람을 배려하는 차원에서 궁정의 규칙을 엄격하게 지킨 것이다.

천황은 아랫사람들이 자신 앞에 얼굴을 내보여서는 안 된다는 옛날식 제도를 바꾸지 않았다. 그렇다고 신하에게 곤란을 겪게 하면서 태연하게 있을 만한 인물도 아니었다. 결국 천황이 선택한 방법은 자신이 아랫사람들 쪽으로 가까이 가지 않고 '꼼짝도 않고' 있는 것이었다. 문제를 근본적으로 해결한다기보다는 문제의 본질을 회피함으로써 어떻게든 양쪽을 존립시키고자 하는 고육지책이라고 할 수 있다. 현대의 우리가 생각하기에는 천황이 시스템을 바꿔서 양쪽이 서로 얼굴을 볼 수 있도록 하면 간단하게 해결될 것이다. 그러나 천황은 자신의 즐거움을 포기하는 한이 있더라도 이전부터 내려오는 시스템을 고수하고자 했다.

역시 신분제도는 상위자에게도 편리하지만은 않았다.

낮 12시 30분, 많은 인물들의 알현을 받으면서 오전 업무를 끝낸 천황은 소년들을 이끌고 중세가 숨 쉬는 나이기로 돌아간다.

나이기의 기나긴 점심 시간

3

두 사람이 있어도 테이블은 제각각

12시 30분, 천황이 시종직 출사를 이끌고 나이기로 돌아온다.

시종직 출사 소년이 나이기 쪽으로 가는 회랑의 닭 그림 삼나무 문을 열면 안의 개가 꼬리를 치며 천황을 반긴다. 그리고 회랑을 지나 독수리 그림 삼나무 문에 이르면 아침과 마찬가지로 드레스 차림의 황후 하루코가 엎드려 맞이한다.

밖에서 돌아온 천황은 우선 옷방에 들어가 집무복인 군복에서 프록코트로 갈아입는다. 프록코트는 아카사카 임시 어소에서 승마복으로 입던 것이기 때문에 천황에게는 평상복이다. 시종직 출사였던 보조 도시나가는 천황은 자신의 복장에 신경 쓰는 성격이 아니었다고 한다.

벨트 대신으로 묶으신 면 끈이 조끼 아래로 보일 때가 있었
다. 복장에는 무신경하고 둔한 편이셨다. 지금과는 달리 좋은
벨트가 없었기 때문일 수도 있으나 전하께서는 면 끈으로 묶는
것을 좋아하셨다.

_《궁중 50년》

옷을 갈아입으면 천황은 중식을 하기 위해 황후가 기다리
고 있는 수라실로 향한다. 조식은 따로 먹었지만 중식부터는
두 사람이 함께 먹었다. 하지만 여러 가지 규칙 때문에 부부
가 격의 없이 한상에서 같이 먹는 일은 없었다. 두 사람이 각
각의 테이블을 사용하여 서로 얼굴을 마주 보는 일도 없었다.
천황과 황후의 테이블은 간격을 조금 띄고 L자 모양으로 놓
여 있었는데 천황의 자리는 아침과 마찬가지로 방 중앙에 놓
여 있어서 정원이 남향으로 한눈에 내다보이도록 되어 있다.
그에 비해 황후 자리는 동향으로 놓여 있고 늘 설치되어 있는
천황의 테이블과 달리 식사 때마다 넣었다뺐다 하는 식이었
다. 그리고 그 두 테이블 옆에는 식사 담당 여관이 각각 대기
하며 식사 시중을 들었는데 천황에게는 두 사람(권전시 한 명
과 권장시 한 명)이었고, 황후에게는 한 사람(권장시)이었다.
천황 부처가 입실하여 테이블에 착석하면 나이기만의 복잡
한 절차가 다시 시작된다.

권전시가 먼저 "수라"라고 외치면 수라실 밖에 있는 권장시가 권전시의 말을 받아서 명부와 권명부에게 넘겨준다. 그리고 그것은 다시 여유를 거쳐 대선료에까지 전달된다. 조식 때와 마찬가지로 말 전하기 게임의 형태로 이루어지며 위에서 아래로 신분 단계를 거쳐간 "수라"라는 말은 음식을 담은 그릇으로 바뀌어 다시 수라실로 돌아오도록 되어 있다. 드디어 명부와 권명부가 수라실 입구까지 음식을 날라 온다. 그들은 안의 규칙에 의해 방 안으로 들어올 수는 없으므로 음식들은 다시 권장시 손으로 옮겨져서 테이블 위에 차려지게 된다.

그 다음부터가 길다. 요리는 조식에서도 설명한 것처럼 큰 그릇에 신하의 것도 같이 담기는데 여관이었던 야마카와 미치코에 의하면 천황과 황후가 실제로 먹을 분량을 작은 접시에 덜 때도 갖가지 규칙이 있어서 매우 복잡했다.

은어, 잉어, 붕어와 같은 작은 물고기는 가능한 한 원래 모양이 흐트러지지 않도록 조심스럽게 뼈를 발라서 다른 접시에 옮겨 놓습니다. 반숙란도 은그릇에 넣은 채로 나이프로 윗부분을 살짝 자른 다음 흰자를 밖으로 덜어내고 드립니다.

_《여관》

식사 준비가 끝날 때까지 천황 부처는 조식 때와 마찬가지로 음식을 앞에 두고 기다리지 않으면 안 되었다. 애써 준비한 음식이 다 식어서 맛이 없어지면 어쩌나 하고 걱정 아닌 걱정을 하게 되는데 "국도 두세 종류 있었는데 세 번 정도는 따뜻한 것으로 다시 내왔습니다"라고 하니 그 점에서는 안심해도 좋을 듯하다. 명부가 따뜻한 것을 그때그때 알아서 다시 내오는 것이다. 이러한 일련의 과정들을 여관 셋이서 다 했다고 하니 그 노고가 대단했을 것 같다. 야마카와는 여관 생활에서 가장 힘들었던 일로 상 차리는 일을 꼽는데 아마도 진심일 것이다.

'청정'을 추구하다

그렇다면 천황과 황후는 매일 어떤 식기를 사용했을까. 아주 화려할 것이라고 상상하는 사람도 많겠지만 흰 백자기에 파란색으로 열여섯 겹의 국화 문장을 그린 매우 심플한 것이었다. 각각 전용으로 쓰는 것이 있었으며 각기 다른 디자인의 그림이 그려져 있었다. 이 식기는 '오기요大淸'라고 하여 천황 부처 외에 다른 사람은 절대로 사용할 수 없었다.

그런데 문제는 음식이나 조미료가 모두 같은 문양의 그릇에 담기기 때문에 서로 구분이 안 되었다는 점이다. 특히 조미료는 서로 비슷해서 여관이 당황한 적이 한두 번이 아니었다고 한다. 그렇다고 우리가 흔히 하듯이 그릇에 코를 대고 냄새를 맡거나 맛볼 수도 없는 노릇이었다.

밥을 넣는 밥통도 각각 전용으로 겉은 흑색이고 안쪽은 붉은색이었으며 중앙에는 열여섯 겹의 국화 문양이 마키에로 볼록하게 들어가 있었다. 밥을 푸는 주걱이나 반찬을 더는 젓가락은 은제를 사용했는데 은에 독이 닿으면 색이 변하기 때문이다. 음식을 집어먹는 젓가락은 버드나무로 만든 것으로 식사 때마다 새것으로 준비되었다. 이것은 현재 일본인이 설날에 사용하는 젓가락처럼 한쪽은 신이 사용하고 다른 한쪽은 인간이 사용하도록 양쪽 끝이 가늘게 만들어진 젓가락이다.

이와 같이 천황 부처가 직접 사용하는 물건을 특별하게 취급하는 이유는 청정을 중요시하는 나이기의 생활습관 때문이었다. 나이기에서는 일상생활의 모든 부분에서 '청淸(청정)'과 '차次(부정)'가 엄격하게 구별되어 있었다. 그 하나의 예로 천황 부처가 식사할 때 시중을 드는 여관은 사전에 입이나 손을 세 번 씻어야 했다.

첫 번째는 보통의 더러움을 씻어내기 위해 비누를 사용하고, 두 번째는 그것을 헹궈내는 작업이며, 세 번째는 수라상 차릴 때만 사용하는 물에 다시 한 번 씻는 것으로 별도로 흘러나오는 물을 사용했습니다.

_《여관》

또한 상차림을 하는 도중에도 여관은 천황 부처의 식기에 닿는 자신의 손바닥이 옷으로 더러워지지 않도록 세심한 주의를 기울였다.

이와 같은 특별한 규칙들 때문에 상을 차리는 데 오랜 시간이 걸렸으며 그동안 천황 부처는 잠자코 기다리고 있어야 했다. 청정은 결코 소홀히 해서는 안 되는 중요한 일이기 때문이다.

여관이 손을 깨끗이 씻어야 하는 것은 식사 당번 때만이 아니었다. 하반신은 인간의 몸에서도 대표적인 '차'의 장소이기 때문에 손이 더러워지는 것을 피하기 위해 여관은 자신의 양말이나 버선도 아랫사람의 손을 빌려 신었다고 한다. 다다미에 앉아서 엎드려 인사를 할 때도 발로 밟는 다다미 때문에 자신의 손바닥이 더럽혀질까봐 한 손은 손등을 바닥으로 향하게 하고 그 위에 다른 한 손을 포개놓는 식으로 했다. 만에 하나 손이 더럽혀지면 청정의 과정을 다시 되풀이해야 했다.

수많은 규칙을 하나 하나 다 준수하면서도 옛날부터 내려오는 과정에서 한 치의 어긋남이 없도록 식사는 천천히 진행되었다. 식기가 부딪히는 소리만 조용히 들리는 수라실 너머로 나팔 소리가 들려온다. 오후 1시 30분 근위병의 교대 시간이다. 두 사람의 식사는 계속된다.

눈동냥으로 배운 서양 식사법

메이지 천황이 처음으로 우유를 마신 것은 메이지 4년 (1871) 11월이고, 황후는 같은 해 12월 4일이었다. 체질이 약했던 황후에게는 특히 영양보충제로 우유가 권장되었다. 그리고 같은 해 12월 17일에는 오랫동안 이어져 내려오던 육식 금지령이 해제되어 천황과 황후의 식탁에도 육류 요리가 올라가는 등 궁정의 식탁은 급속도로 서구화되었다.

메이지 35년(1902)에서 38년(1905)까지 여관으로 일한 야마구치 오사코山口正子에 의하면, 천황의 점심 식사는 양식인 경우가 많았다.

야마구치   황후께서 당뇨라는 사실을 아시고부터 메이지 천황께

서는 점심 식사를 반드시 양식으로 먹도록 하셨습니다. 그렇게
하면 당질을 많이 섭취하지 않아도 되었기 때문이었습니다.

_《궁중 말御所ことば》

양식이 궁정에 완전히 정착된 것은 메이지 시대 후기였지
만 일상적인 식사로 제공되기 시작한 것은 메이지 6년(1873)
7월의 일이었다. 궁정에서 양식을 하기까지 가장 큰 공을 세
운 사람은 다름 아닌 야마구치의 아버지 니시이쓰쓰지 아야
나카西五辻文仲였다. 니시이쓰쓰지는 메이지 6년부터 7년(1874)
까지 나이주, 즉 시종직 출사로 일하고 후에 귀족참의원이 된
인물이다.

여기에서 잠깐 시대를 거슬러 올라가 메이지 시대 초기에
양식을 둘러싸고 생긴 갖가지 사건들을 살펴보자.

메이지 6년 9월 중순 당시 열네 살이었던 니시이쓰쓰지 아
야나카는 메이지 천황으로부터 "서양요리 먹는 법을 알고 있
는가"라는 하문을 받았다. 천황은 니시이쓰쓰지의 형이 대선
직大膳職(천황의 식사를 담당하는 대선료의 직원)이었기 때문에
니시이쓰쓰지도 서양요리를 잘 알 것이라고 생각한 모양이다.

"먹는 법이라면 저도 자세히는 모르겠습니다"라고 대답하자
"그렇다면 다른 사람한테라도 배워오너라"고 말씀하셨습니다.

그래서 제가 "그것은 배워서 무엇에 쓰시려고 하십니까" 하고
여쭈었더니 "안에 있는 사람 중에는 정식으로 먹어본 사람이 아
무도 없으니 한번 제대로 맛보게 해주려고 그러네. 배워오게나"
라고 하시어 "알겠습니다"라고 대답했다.

_《담화기록집성》제3권

니시이쓰쓰지는 성격이 원래 그래서 그런지 말할 때 보면
왠지 라쿠고落語(일본 전통의 만담 형식) 같은 말투이다. 니시
이쓰쓰지가 바로 형한테 가서 물어보니 대선직에 현역으로
일하고 있던 형도 양식을 '먹는 법'은 잘 몰랐다. 그러니까 천
황은 그때까지 먹는 법조차 모른 채 양식을 먹고 있었다는 말
이다. 누구에게 물어도 아는 사람이 없으니 니시이쓰쓰지에
게 알아오도록 한 것이다.

니시이쓰쓰지는 쓰키지築地(도쿄의 한 지역으로 메이지 시대
에는 외국인 거주지가 있었다)의 세이요켄精養軒(일본 최초의 서
양 음식점)의 기타무라 시게타케北村重威에게 부탁하여 양식
먹는 법에 대한 특별 레슨을 받았다. 기타무라는 일찍이 이와
쿠라 가岩倉家(에도시대 말부터 메이지 시대 초에 활약한 공가,
1871년 이와쿠라 사절단을 조직하여 구미의 문화와 제도를 시찰한
이와쿠라 도모미岩倉具視를 배출한 가문)에서 일했기 때문에 니시
이쓰쓰지와는 아는 사이였다. 기타무라는 서양음식에 대해서

는 전혀 모르는 니시이쓰쓰지를 통해 간접적이기는 하지만 메이지 천황을 지도하게 된 것이다. 기타무라에게는 명예로운 일이라고는 하지만 막중한 책임감을 느끼지 않을 수가 없었다.

"글쎄요. 그러면 우선 전하께서는 어떤 것을 좋아하시는지요?"
"양식 먹는 법을 아냐고 물으실 정도이니 아직 좋아하시는 것이 있는 단계는 아닌가 하네. 가장 연하고 먹을 만한 음식으로 대여섯 번은 가르쳐줘야 알 수 있을 걸세."

_《담화기록집성》제3권

니시이쓰쓰지는 세이요켄에 여덟 번을 다녀서 기타무라로부터 겨우 공인을 받았다. 보고를 받은 메이지 천황은 니시이쓰쓰지에게 서양요리 강습회를 열도록 명했다. 장소는 아카사카 임시 어소의 나이기 3층, 전망 좋은 12조(1조는 다다미 한 장을 까는 면적으로 지역에 따라서 조금씩 다르다. 대체로 2조가 한 평, 즉 3.3평방미터이고, 8조는 네 평, 즉 13.2평방미터 정도 된다)의 방이다. 식기나 웨이터 등은 세이요켄에서 대여하는 것으로 하였다.
평상시에는 국화 문장이 들어간 식기만으로 차려지는 식탁에 세이요켄이라고 찍힌 나이프와 포크가 놓였다. 그 자리에서도 천황과 황후는 이와쿠라 도모미가 유럽에서 가져온 식기들을 사용하였지만, 청정 문제에 까다로운 궁정 안에 누가 사용한지도 모르는 식기들이 놓인다는 것은 매우 파격적인 일이었다. 여관들은 불결하다고 질색을 했다고 하지만 천황의 명령이었으므로 어쩔 도리가 없었다.

강습회는 모든 사람이 니시이쓰쓰지가 하는 대로 흉내 내서 식사를 하는 식으로 진행되었다.

　　곧잘 라쿠고의 소재가 되듯이 가르쳐주는 쪽에서 감자를 놓치면 배우는 사람은 영문도 모른 채 그대로 따라서 감자를 놓치곤 했습니다.

_《담화기록집성》제3권

그날 밤 니시이쓰쓰지는 황후 하루코로부터 와카를 하사받았다.

　　높은 누각에 큰 술잔치 열리니 그 술 받으려 사람들 틈새 없이 대령하여 있노라
　　모가미가와最上川 강물 위 배도 아닌 이 높은 궁에 오르고 내리는 자 분간이 안 되어라

눈동냥으로 배워서 위태롭게 나이프와 포크를 놀리는 사람들의 모습이 눈앞에 선하다. 이렇게 시작된 양식은 강습회 이후에 서서히 궁중에 정착해갔다. 야마구치에 의하면 "저희들도 양식 먹는 것을 매우 좋아해서…"(《궁중 말》)라고 하는 것처럼, 여관들도 양식으로 차려지는 중식의 '하사 음식'을 고대할 정도로 양식파가 되었다고 한다.

그런데 이때 여관들에게 양식에 대한 매너도 같이 보급된 것은 아니었다. 서양요리가 나오는 궁중의 정식 연회에 참석할 수 있던 것은 황후 하루코와 여관장, 통역 정도였다. 대부분의 여관들은 니시이쓰쓰지한테 배운 양식에 대한 매너를 활용할 수 있는 기회가 거의 없었다. 양식의 '하사 음식'조차도 다 잘라서 나왔기 때문에 여관들은 나이프와 포크를 사용조차 해볼 수가 없었다.

예정에 없던 피크닉

천황의 식사 장소는 수라실로 정해져 있었지만 중정의 작은 다실에서 점심 식사가 이루어질 때도 있었다. 이곳은, 특히 초봄에는 벚꽃과 모란이 아름답게 피어서 피크닉 하기에 더할 나위 없이 좋은 장소였다.

궁정의 피크닉은 미리 정해진 것이 아니라 천황의 갑작스러운 제안으로 이뤄지는 경우가 많았다. 오전 근무를 마친 천황이 점심 때 나이기에 돌아와서 명령을 내리기 때문에 점심 식사 준비를 다 끝낸 나이기에서는 당황할 수밖에 없었다. 천황이 '메이지 궁전의 시계'라는 자신의 역할을 잠시 잊고 아카사카 시절의 기분파로 돌아가는 것이다.

보조 도시나가에 의하면 피크닉을 하기 위해서는 여관들이 중정의 작은 다실 앞에 통나무를 이어서 오픈 카페 같은 것을 만들어야 했다. 그런데 그 오픈 카페를 만들기 위해서 여관들은 악전고투를 벌여야만 했다.

지금과는 달리 양장 차림이라고는 해도 옷자락이 길어서 끈으로 묶어올려야 했다. 그리고 승마 연습장 옆 창고에서 나무 기둥이랑 테이블, 장지 문짝 같은 물건들을 달구지에 실어 내와서 먹을 자리를 마련했다. 그때 일하는 여관들의 모습을 아무 사정도 모르는 사람이 보았더라면 필시 기이한 일이라고 혀를 찼을 것이다.

_《여관》

평상시에 식사 준비를 할 때는 천황 부처를 장시간 기다리게 하면서까지 청정 문제에 온 신경을 곤두세우고, 버선까지 자기 손으로 신지 않는 여관들이 이때는 천황 부처가 보는 앞에서 온몸에 흙을 묻히면서 의자와 테이블을 놓고 그 위에 음식을 날라오는 것이다. 이와 같이 일관성이 없고 모순된 일은 충분히 일어날 수 있었다.

궁중에서 천황의 '명령'은 절대적이다. 천황이 무슨 말을 꺼내면 평소에는 그렇게 엄격하게 지켜지던 청과 차의 규칙도 뒷전이 되어버린다. 물론 피크닉이라는 특별한 놀이가 끝나면 아무 일 없었다는 듯이 다시 원래대로 돌아간다. 이것 또한 궁정의 규칙이라면 규칙이다.

천황의 갑작스런 명령을 받고 피크닉이 시작되기까지는 시종직 출사의 손까지 빌려서 제아무리 서두른다고 해도 한 시간은 족히 걸린다. 평소의 느릿느릿한 여관들의 행동을 생각하면 그 정도면 매우 양호한 편이었다고 할 수 있다.

점심 식사를 수라실에서 할 때는 천황과 황후만 식사를 하고 여관은 시중을 드는 데만 전념한다. 여관들은 식사를 나중에 따로 한다. 하지만 피크닉을 하면 상황은 달라진다. 여관들에게도 천황으로부터 도시락이 하사되었다. 김밥이나 스시와 같이 간단한 것이기는 했지만 여관한테는 대단히 인기가 있었다고 한다.

이 도시락은 대선료의 요리사가 만든 것이 아니었다. 통상적으로 대선료는 천황 부처의 식사와 연회 요리만을 담당하고 여관들과 같은 직원들의 음식은 담당하지 않는다. 안부 인사를 올리러 온 사람들의 점심 식사를 준비하거나 알현하러 오는 사람이 여관들에게 하사한 특산물을 이용해서 요리를 할 때는 별도로 고용된 요리사가 맡는다. 예정에 없는 음식을 만들어내는 데 익숙한 그들이 피크닉 때도 여관들의 도시락을 솜씨 좋게 만드는 것이다.

자리를 세팅하기까지는 번거로운 일이지만 여관들은 일상

생활에 변화가 생겨 한편으로는 피크닉을 좋아하기도 했다. 물론 피크닉이라고는 해도 천황의 어전이기 때문에 식사 예법을 그대로 지키지 않으면 안 되었다.

음식을 어전에서 먹을 때는 팔꿈치를 무릎 위에 대고 마치 머리를 숙여 절을 하는 자세로 먹도록 되어 있었습니다. 그러다 보니 기껏 맛있는 음식을 먹게 되어도 잘 안 내려가고 얹히는 일이 종종 있었습니다.

_《여관》

몸에 꽉 끼는 옷을 입고 그런 자세로 음식을 먹으면 오히려 탈이 날 것 같다.

피크닉이 끝나면 황후 하루코는 정원을 거닐며 꽃을 꺾었다. 황후는 정원에 나가는 일이 거의 없었기 때문에 천황이 그녀의 건강을 위해서 그렇게 하도록 제안한 것이다. 바구니에 꽃을 꺾어 넣으면서 황후 하루코는 바깥 공기를 마음껏 들이마실 수 있었다.

정규 업무는 목요일에만

오후 2시. 길고 긴 점심 식사에 이어 느긋한 나이기의 오후
가 시작된다.

천황이 의무적으로 꼭 해야 할 일은 훈기 서명 한 가지였는
데, 그것은 매주 목요일에 하도록 되어 있었다. 훈기는 훈장
과 함께 수여되는 것으로 메이지 시대에는 훈3등, 공5급 이
상의 훈기에는 천황이 직접 서명해야 했다. 러일전쟁 중반부
터 이 일이 급격히 증가하여 1주일에 하루 정도는 오후 시간
전부를 이 일을 위해 써야 했다.

훈기 서명이 있는 날에는 보통 때 사용하는 어좌소에 서명 전
용의 큰 테이블이 들여진다. 여관들은 이것을 '목요 테이블'이
라고 불렀다. 그리고 그날 당번인 장시와 권장시가 고매원古梅園

(나라奈良에 있는 유명한 먹 제조소로 도쿄 니혼바시日本橋에도 지점
이 있었다)에서 특별 제작한 금색 홍화먹紅花墨(홍화씨에서 채취
한 기름을 사용한 먹)을 갈기 시작한다. "먹에 끈기가 생길 때까
지 갈았기 때문에 족히 한 시간은 걸렸습니다"(《여관》)라고 하
니 매우 정성이 들어간 것을 알 수 있다.

준비가 되면 메이지 천황이 나온다.

전하께서 서명을 하실 때는 테이블 앞에 내내 서 계셨기 때문
에 힘드시지는 않을까 하고 염려가 될 정도였습니다.

_《여관》

그렇게 해서 서명이 끝나면 그것을 시종직 출사가 받아든
다. 메이지 33년(1900)부터 38년(1905)까지 시종직 출사였던
나가타니 노부히로永谷信晃는 "먹물이 증발해서 마르기까지가
큰일이었습니다. 더럽혀지지 않도록 쭉 늘어놓았는데 그게
보통 일이 아니었습니다"(《메이지 대제의 일상을 추억하다》)라
고 한다. 서명의 먹물이 완전히 마르면 이제는 권전시가 정리
한다. 이 서명 일이 빨리 끝나지 않고 저녁 때까지 이어지면
장시와 권장시가 샹들리에에 촛불을 켜야 했는데 그것이 또
번거로운 일이었다.

빨리 끝나면 다행입니다만 언제 끝날지 모를 때는 여관들이 샹들리에에 불을 붙여야 했습니다. 여관들은 혹시라도 서명한 것에 불똥이 튀거나 촛농이 떨어지는 불상사가 일어나지는 않을까 하고 노심초사했습니다.

_《여관》

늦어지면 그런 불편함이 생기는데도 궁정의 규칙상 장시나 권장시 쪽에서 권전시에게 빨리 일을 끝내도록 지시할 수는 없다. 권전시가 윗사람인 데다가 각자의 일이 정해져 있기 때문에 다른 사람한테 이래라저래라 하는 것은 절대 용납되지 않았다.

서명하는 일 외에는 천황이 나이기에서 오후에 반드시 해야 할 일은 없었다. 공무가 밀려 있으면 밖으로 다시 출어를 하는 경우도 있었지만 나이기에 있을 때는 기본적으로 공무는 하지 않는 것으로 되어 있었다.

그런데 천황이 여유로울 때야말로 나이기 사람들은 바빠진다. 앞에서 이야기한 메이지 천황의 '단 5분도 가만히 있지 않는' 부산스러움이 시작되는 것이다. 시종이었던 히노니시 스케히로는 항상 분주하게 움직이는 천황의 모습이 어떤 식이었는지 여관에게 들어서 자세히 알고 있었다.

점심 때 밖에서 돌아오시면 미코시실로 납시어 옷을 갈아입으십니다. 옷을 갈아입으시는 동안에도 "오후에 그 여관에게 이것을 하도록 하거라" "저 여관에게는 이 일을 하도록 이르거라" 하고 하명을 내리십니다. 그리고 상을 물린 후에도 밖으로 나가시기 전에 시간이 있으시면 물건 보관실에 납시어 옛날 것들을 다 꺼내 놓으시고 하사하실 것을 분류하시거나 각처에서 구매한 물건들을 꺼내오게 하시어 일일이 살펴보셨습니다. 무슨 일이든 쉬지 않고 하셨기 때문에 잠시도 가만히 계신 적은 없으셨다고 합니다.

_《메이지 천황의 일상》

전통에 얽매인 통과 규칙

메이지 천황이 단 5분도 가만히 있지 않았던 것은 비단 성격 때문만은 아니었다. 거기에는 나이기만의 '통과 규칙'이라는 것도 관련이 있었다. 여기서 말하는 통과 규칙이라는 것은 신하가 천황 앞을 지나갈 때 지켜야 하는 안에서의 특별한 약속이다.

나이기에서는 신하가 천황 앞을 지나갈 때 반드시 한 번 앉았다가 다시 일어나서 가야 한다.

여관이 아무리 무거운 물건을 들었어도 일단 한 번 앉아서 미끄러지듯이 하고 지나가지 않으면 안 되었습니다. 그러고 나서 다시 그 무거운 물건을 들고 가야 했습니다.

_《메이지 천황의 일상》

어떤 때는 천황이 없어도 앉아야 할 때가 있었다.

야마카와 천황께서는 방석을 사용하셨습니다. 방석이 깔려 있을 때는 전하가 안 계셔도 무릎을 꿇고 지나가지 않으면 안 되었습니다. 나가신 후에는 전시가 방석의 양쪽을 접어놓게 됩니다. 그러면 선 채로 지나갈 수 있었습니다.

_《메이지 천황의 일상》

'미끄러지듯이 지나가야' 한다거나 '무릎을 꿇고 지나가야' 한다는 말은 무릎걸음이라는 예법을 말한다. 신분이 높은 사람 앞에서는 몸을 낮추고 경의를 표하는 것으로 지금도 다도에는 남아 있다.

옷자락이 길게 끌리는 드레스나 무거운 궁중 의상을 입고 일일이 앉았다가 일어섰다가 하는 것은 여간 힘든 일이 아니었다. 나이기 안에는 기본적으로 고급 여관과 시종직 출사 소년들만이 출입할 수 있었기 때문에 여관들은 무거운 물건을 스스로 옮겨야 했다. 그럴 때마다 여관들을 더욱 힘들게 하는 것이 이 통과 규칙이었다.

이와 같은 복잡한 규칙 때문에 메이지 천황은 다음과 같은 행동을 하기 시작했다.

전하께서는 잠시 상황을 보고 계시다가 여관이 무거운 물건을 들고 그 앞을 통과해야 한다고 판단하시면 스스로 그 자리를 뜨셨습니다. 즉 전하께서는 한시도 가만히 안 계시고 여관들을 번거롭게 하지 않으려고 자리를 비켜주셨던 것입니다.

_《메이지 천황의 일상》

천황이 '자리를 비켜주는' 것은 여관들이 무거운 물건을 들 때만이 아니었다.

수집된 그 많은 시계를 날마다 관리를 받으러 보냈기 때문에 당번 나이시(內侍)가 날마다 보관실로 들어가게 됩니다. 여관이 방으로 들어가면 전하께서는 바로 자리를 떠서 다른 곳으로 가십니다.

_《여관》

이것은 앞 장에서 말한 승마와 산책을 하지 않게 된 이유와 같은 맥락이다.

천황은 여관들이 자기 앞을 통과할 때마다 무거운 물건을 놓았다가 다시 들어야 하니, 바쁜 시간에 본인이 그들을 방해한다고 생각한 것이다. 그렇다고 해서 옛날부터 해온 전통을 바꿀 수는 없었다. 신분의 차이를 동작으로 나타내는 것이 궁중 의례의 기본이기 때문이다.

　그래서 천황은 상대방이 앉지 않아도 되게끔 스스로 자리를 비켜주었던 것이다. 이것이야말로 나이기에서 천황이 방을 왔다갔다하면서 '단 5분도 가만히 있지 못하는' 이유가 되는 것이다. 승마나 산책과 같은 자신의 즐거움을 포기했듯이 여기에서도 천황 스스로 방을 전전하면서 문제를 해결하려고 하였다. 하지만 그러한 천황의 행동은 문제를 근본적으로 해결하기보다는 그 자리를 회피하여 이전부터 내려오는 규칙과 현실에서의 여관들의 고충을 모두 배려하고자 한 고육지책이었다고 할 수 있다.

체력 다지기에 힘쓴 여관들

특별히 할 일도 없이 여유롭기만 한 나이기의 오후, 학문소 일이 적을 때 시종들에게 승마를 시킨 것처럼 천황은 나이기에서도 여관들에게 승마를 하도록 지시했다. 그러다가 여관이 낙마하는 일이 생겼다. 할 수 없이 승마는 중단되었고 그 후에 다시 고안된 것이 '단쓰 말기緞通卷(융단 말기)'였다.

이것은 융단을 말아서 옮기는 지극히 간단한 운동의 일종으로 가끔씩 시종직 출사가 참여하는 경우도 있었다. '단쓰'란 페르시아 융단 중 손으로 짜서 어느 정도 두께가 있는 고급 직물을 말한다. 이 융단의 특징은 씨실과 날실을 교차시켜 정교한 무늬를 만들어내기 때문에 실의 양이 많고 무겁다는 점이다. 이 점이 바로 '단쓰 말기'를 실시하게 된 이유였다.

보조와 야마카와가 여관으로 일했을 무렵 시종직 출사로 같이 일한 구세 후미나리ス世章業는 측근 좌담회에서 다음과 같이 말한다.

보조 여관들을 상대로 단쓰 말기를 하셨다는데, 이유가 무엇입니까?

야마카와 나이기에는 보통 여자들만 있고 특히 밤에는 시종직 출사도 없기 때문에 무거운 것도 들어서 옮겨야 했습니다. 그때를 대비해서 체력을 다져놓아야 했던 거지요.

보조 당시 일본에서는 융단을 생산하지 않아서 잘은 모르겠습니다만 그것은 분명 품질이 좋은 것이었습니다. 저희도 세 명이 같이 합심해서 말고는 했습니다. 융단을 한 번 쫙 편 다음에 다시 마는 것이기 때문에 체력 단련을 위해서는 좋았습니다.

구세 그렇습니다. 여관뿐만이 아니었습니다. 저희 같은 시종직 출사들도 했습니다. 그러니까 제가 열두세 살 때 한 적이 있는데 정말이지 매우 힘들었습니다. 융단을 짊어진 채 같이 넘어지기도 했습니다.

_《메이지 대제의 일상을 추억하다》

이 운동의 목적은 '체력을 다지는 것'이었지만 그다지 합리적인 방법은 아니었다. 비상시를 생각한다면 이런 식의 훈련보다는 시종무관이 나이기에 들어갈 수 있도록 시스템을 바꾸었어야 한다. 하지만 역시나 나이기의 원칙을 바꾸는 것은 그들에게는 무리였던 것이다.

합리성은 전혀 생각할 수 없는 세계였지만 체력 단련을 위해 아름다운 융단을 사용했다는 점이 우아한 궁정에는 잘 어울린다고 할 수 있다. 그런데 그것이 당사자들에게는 즐기는 놀이가 아니라 진지한 업무 중 하나였다.

구세 어느 때인가 융단을 저울 있는 데까지 옮기라는 말씀이 있으셨습니다. 어떻게 해서든 끌고 가보려고 무진 애를 썼지만 워낙 무거워서 가까운 거리였는데도 두 시간이나 걸리고 말았습니다. 겨우 다 옮기고 나니 온몸에서 땀이 비 오듯 했습니다. 어전에 대령하여 "방금 수행했습니다"라고 아뢰니 전하께서는 한동안 저를 쳐다보고만 계셨습니다. 땀을 닦고 어전에 나갔는데도 계속해서 땀이 흘렀던 거지요. 잠시 후에 "알았네"라고 하시어 물러나왔는데 다시 "구세를 부르거라" 하셨습니다. 대령했더니 잘했다고 상으로 과자를 주셨습니다.

_《메이지 대제의 일상을 추억하다》

승마 때와 마찬가지로 천황은 그 모든 것을 직접 코치하고 있었던 것이다.

천황은 보통 때보다 일을 더 했거나 애를 쓴 일이 있으면 반드시 '상'을 내렸다. 특히 여관에게는 매일같이 상을 내렸다.

개인적인 용무를 이행한 사람에게는 오늘은 날씨가 더우니 도묘지道明寺(오사카에 있는 비구니 절)에 가서 얼음물에라도 식히고 오라시거나 수박이나 아이스크림을 먹으라시거나 하셨습니다.

_《메이지 천황의 일상》

여관뿐만 아니라 시종이나 시종직 출사에게도 상을 내렸다. 상 자체는 과자라든가 술과 같은 것으로 대단한 것은 아니었지만 신하들의 기분을 좋게 하는 데는 어느 정도 효과가 있었던 것 같다.

수예로 시간 보내기

천황은 오후에 나이기에서 일하는 사람들에게 몸을 움직이도록 한 것 외에도 이런저런 아이디어를 내어 다른 사람에게 뭔가를 하도록 지시하곤 했다. 황후나 여관에게 수예품을 만들도록 한 것도 그중 하나였다. 야마카와 미치코는 황후 하루코와 함께 타이완 총독부에서 헌상한 자몽의 껍질로 과자 그릇을 만든 적이 있다고 한다.

과자 그릇을 만드는 방법은 '꼭지가 달린 쪽을 조금 벗겨서 알맹이를 꺼낸 후, 그 껍질을 잘 말려서 안쪽에는 흑색으로 칠하고, 겉은 껍질 그대로의 질감을 살려서 그 위에 마키에를 그리는'(《여관》) 것이었다. 이것은 특히나 손이 많이 가는 매우 정교한 작업이었다.

맨 처음 것만 알맹이를 잘 꺼내면 그 다음부터는 쉬운데 황후님은 힘이 약해 알맹이가 잘 빠지지 않았습니다. 손이 새빨개져서 잡아 당기고 계시면 옆의 어좌소에서 "잘 되어가는가" 하면서 전하께서 보고 계셨습니다.

_《여관》

자몽 알맹이를 버리는 일은 물론 없었다.

자몽이나 계란 껍질 같은 것으로 과자 용기나 컵을 만들 수 있었습니다. 빼낸 자몽 알맹이에 설탕을 뿌려서 여관에게 하사하시거나 계란 알맹이를 익혀서 시종에게 하사하시거나 하셨습니다.

_《메이지 천황의 일상》

자몽이 일본에 와서 이렇게까지 활용될 줄은 헌상한 사람들도 미처 몰랐을 것이다.
그 외에 헝겊을 이용한 세공품들도 만들었다.

그리고 헝겊 같은 것도 쓰고 남으면 버리지 않고 세공품을 만들도록 하셨습니다. 비단보를 만들도록 하시어 그것 역시 하사하셨습니다.

_《메이지 천황의 일상》

말하자면 천황을 강사로 하여 수예교실이 열린 셈이다. 그리고 완성된 물건은 여관에게 하사해서 실제로 사용하도록 한 것이다.

그런데 이렇게 수예교실을 열어 물건을 직접 만들어 사용하도록 한 것은 리사이클이나 검약이라는 의식과는 아무런 상관이 없었다. 황후와 함께 자몽에서 알맹이를 꺼내고 그 껍질로 공예품을 만들었다는 야마카와는 "두 분 모두에게 좋은 소일거리였다고 생각합니다"(《여관》)라고 한다. 그들은 그저 순수하게 놀이로써 즐겼을 뿐이다.

이렇게 황후나 여관들에게는 수공예품을 만들게 하면서도 천황 스스로는 작품을 거의 남기지 않았다. 여기에도 나름대로의 사정이 있다.

이전 천황이 만든 인형이나 그 밖의 것들이 있었으나 사용할 수 있는 것도 아니고, 그렇다고 버릴 수도 없어서 후대 사람들이 대단히 곤란을 겪고 있으니 나는 어설픈 세공품 같은 것은 남기지 않겠소.

_《여관》

손수 만든 것도 있었지만 만년에 천황이 자기 손으로 다 부수어 없애버렸다고 한다.

너무도 당당한 천황의 애완견

나이기의 여관들은 융단 말기나 수공예 교실과 같이 끊임없이 나오는 천황의 아이디어 때문에 당황할 때가 한두 번이 아니었다. 게다가 천황이 잠시도 가만히 있지 않고 이방 저방을 왔다갔다하니 여관들은 부산스럽게 느꼈을 것이다. 그러한 나이기 안에서 유일하게 여유로운 존재가 있었다.

메이지 천황의 애완견이다. 천황의 애완견으로 말할 것 같으면 산책이나 식사를 꼬박꼬박 챙겨주는 사람이 있는 어엿한 궁중의 일원이었다. 그런 애완견 중에 '본'이라고 불린 테리어 종이 있었다. 이 개는 산노미야 요시타네三宮義胤 식부관장式部官長이 헌상한 개였는데 보통 때는 얌전하고 머리도 좋았다. 산노미야는 부인이 영국 사람으로 외교단에서 특히 신임을 받았으며 메이지 사교계의 핵심 인물로 활약하였다.

본은 누구에게나 사랑받는 나이기의 아이돌이었다. 그러다 보니 시종직 출사의 소년들이 자기보다 아래라고 생각한 것이다. 소노이케나 보조 도시나가는 같은 시기에 일하지는 않았지만 두 사람 모두 자신의 회상록에서 본과 벌인 공방에 대해서 이야기하고 있다.

시종직 출사의 안에서의 정위치는 닭 그림 삼나무 문과 독수리 그림 삼나무 문 사이의 회랑이었다. 거기에 책상과 의자를 놓고 앉아서 밖과 안의 연락책 역할을 하였다. 밖에서 용무가 있다고 벨이 울리면 서류나 전언을 받으러 밖으로 뛰어갔고 천황 쪽에서 밖에 전달할 것이 있다고 전갈이 오면 석판을 들고 천황에게로 달려갔다. 천황은 밖에서와 마찬가지로 석판에 자신의 말을 받아 적게 하고 글자가 잘못되어 있거나 하면 일일이 고쳐주었다. 석판의 내용이 완성되면 그들은 석판을 들고 밖의 시종한테로 향했다. 소년들의 업무는 이것의 반복이었다.

그런데 이 일을 방해하는 것이 본이었다.

보통 때는 얌전한 편인데 내가 전하의 용무가 있어서 갔다가 나오려고 하면 꼭 짖으면서 뒤따라 나왔다. 내가 어린애라고 얕잡아 보고 그러는 것이었다. 그러지 않도록 개가 안 볼 때 살짝 나오려고 하면 어느새 알고는 달려온다. 안에서 밖으로 나가는데 있던 큰 삼나무 문이 닫힌 후에도 내 발자국 소리가 사라질 때까지 계속해서 짖어댔다.

_《궁중 50년》

본은 안의 개이므로 밖으로 나갈 수는 없었다. 출입이 자유로웠던 소년들이 얄미웠는지도 모른다. 소노이케도 독수리 그림 삼나무 문을 사이에 두고 매번 본과 신경전을 벌여야 했다.

본은 우리가 간다는 사실을 누구보다도 먼저 알고 우리가 대기하는 탁자 옆 독수리 그림 삼나무 문 앞에 와서 진을 치고 있었다. 행여 저리 가라고 막대기를 휘두르면 깨깽 하는 비명 소리를 지르니 아래 아이가 고자질할까봐 그렇게 할 수도 없었다. 그래서 그냥 놔둔 채 지구전으로 갈 수밖에 없었다. 안에서 나올 때도 안 가는 척하거나 본이 딴짓을 하고 있을 때 쏜살같이 내달려서 문을 열고 나온 다음에 재빨리 문을 닫는 식으로 해야 했다.

_〈메이지의 소성〉

메이지 천황은 제아무리 소년들이 본 때문에 애를 먹어도 절대 본을 혼내지 않았다고 한다. 본이 짖기만 할 뿐 달려들어 묻지 않는다는 것을 잘 알고 있었기 때문이다. 소년들이 한바탕 본과 각축전을 벌이고 있는 모습을 천황은 항상 웃으면서 지켜보았다고 한다. 본 때문에 소년들이 어떻게 할 바를 몰라서 쩔쩔매고 있는 모습이 그저 귀엽게만 보였던 것이다.

싸움에서 이긴 본은 당당한 얼굴로 온 나이기 안을 휘젓고 다녔다.

가끔씩 모습이 보이지 않아서 여관이 찾으러 다녀야 했는데, 겨우 발견하면 여관은 "본, 주인장께서 찾으신데이" 하며 데리고 왔다. 주인장이라는 말은 이상하게 들릴 수도 있지만 안에서는 주인을 보통 주인장이라고 했다. "찾으신데이"라는 말도 교토 사투리로는 흔히 쓰는 말투였다.

_〈메이지의 소성〉

말끝의 '데이൛'라는 어미는 현재의 표준어에서 보면 이질감이 있다. 그러나 소노이케에 의하면 황후 하루코로부터 직접 들은 말에도 이 '데이'가 붙어 있었다고 한다. 공가에서 사용하는 '교토 사투리'는 궁중에서도 일반적인 말투가 되는 것이다.

한편 메이지 천황이 지방에 행차를 가서 본과 소년들이 어소를 지키고 있을 때가 있었다.

전하께서 행차라도 가시게 되면 평소에 괴롭힘당한 것을 생각해서 한바탕 혼내주려고 잔뜩 벼르고 안에 들어가는데 정작 본은 꼬리를 흔들며 공손하게 맞이했다. 잘못한 줄 아는 개를 혼낼 수도 없는 노릇이어서 머리를 쓰다듬으며 다음부터는 짖지 말라고 조용히 타이르고 돌아서는데, 이 영리한 개는 전하가 돌아오시기만 하면 다시금 건방진 얼굴로 전보다 더 크게 짖어댔다.

_《궁중 50년》

그러다가 본은 노쇠해서 죽었다. 천황의 애완견들은 '모두 하라주쿠原宿의 아마데라尼寺(비구니만 있는 절)에 묻혔다'(《궁정》). 나이기에서 그렇게 당당하게 활개치며 다니던 본(아마 수컷이었을 것이다)이 다시 남자 금지 구역인 아마데라에 잠들어 있다고 생각하면 살짝 웃음이 나온다. 그 다음에 들어온 개는 얌전했다고 한다.

그렇게 해서 소년들은 안심하고 일을 할 수 있게 되었다.

나이기의 오후는 천천히 흘러갔다.

학문소의 나른한 오후

4

나른한 오후에는 와카 삼매경

오후 3시 30분 천황은 프록코트에서 군복으로 다시 갈아입는
다. 그리고 느긋한 나이기를 뒤로 하고 다시 학문소로 향한다.
시종 출사였던 보조 도시나가에 의하면 원래 러일전쟁 전
까지는 천황이 오후에 학문소에 출어하는 일은 없었다.

그전에는 오전 중에만 밖에 나가셨는데 전쟁 이후에 오후에
도 출어하시게 되었고 특별한 알현이 있을 때는 야간에도 나가
시는 일이 있었다. 일요일에도 그랬다. 어떤 때는 꽤 늦은 시각
에 출어를 하시어 촛불을 들고 가야 할 때도 있었다.

_《궁중 50년》

오후에 학문소로 출어하는 것은 말하자면 전쟁이라는 특수한 상황이 만들어낸 일과였다. 천황은 전쟁이 끝나고 할 일이 없어졌는데도 그 일과를 그대로 놔두고 따른 것이다. 궁중에서는 뭐든 한 번 정해지면 필요가 없어진 후에도 계속되는 경우가 많다.

뒤를 따르는 시종직 출사, 독수리 그림 삼나무 문 앞에서 배웅하는 황후, 닫힌 문을 향해서 짖어대는 애완견. 아침 출어 때와 똑같은 광경이 되풀이되었다. 천황이 밖의 어좌소에 들어가면 소년들은 다시 "출어" "출어" 하고 신하들 방에 외치고 다녔다.

하지만 아침과 달리 이번에는 복도에 소년들의 목소리와 발소리만 울릴 뿐, 방에서 나와야 할 시종이나 시종무관들의 모습은 보이지 않는다. 그것도 그럴 것이 대부분의 시종이나 시종무관들은 오전에 천황한테 받은 임무를 수행하기 위해서 외부에 나가 있고, 만일의 경우에 대비해서 몇 명만 남아 있었다. 밖의 애완견만이 소년들 뒤를 따라 밖 어좌소로 들어갔다.

오전에 알현을 기다리는 사람들로 가득 찼던 시종 후소에도 사람 기척이 없고 오후의 학문소에는 정적만이 감돈다. 군신이 서로 얼굴을 마주 대하는 일도 없이 오후는 조용히 흘러간다.

그런 때 메이지 천황은 와카를 지었다. 천황은 하루에 20수에서 30수 정도의 와카를 지어서 평생 지은 와카를 다 합치면 9만 수는 족히 될 것이라고 한다. 그중에서 극히 일부를 선별하여 활자화한 것이 있기는 하지만 유감스럽게도 제왕에게 어울리게 편찬된 와카집에서 천황의 자연스러운 일상생활을 엿보기는 어렵다.

와카의 숫자만 봐도 알 수 있듯이 천황에게는 훌륭한 수작을 남기고자 하는 마음이 없었던 것 같다. 말하자면 하루 일과에 대해서 일기를 쓰듯이 와카를 지은 것으로 보인다. 그런 이유도 있어서 천황이 와카를 적은 것은 깨끗한 종이가 아니라 다 쓴 서류 봉투를 잘라서 편 것이었다.

보조 와카를 쓰신 종이는 내각이나 육군에서 보고하는 서류를 넣었던 봉투였고 새 종이에 쓰신 적은 없었습니다. 봉투의 바깥면에 쓰시고 그것이 마르면 뒤집어서 안쪽에다 다시 쓰는 식이셨지요. 먹도 대충 갈아서 묽은 먹물에 끝이 닳아서 짧아진 붓으로 쓰셨습니다.

소노이케 밖의 어좌소에 출어 중이실 때는 내내 서 계셨습니다. 알현을 받으실 때도 서서 하셨고 알현이 없을 때도 서서 와카를 쓰고 계셨습니다. 굵직굵직한 필체로 대충대충 쓰셨고, 우리가 근처를 지나가면 몸을 약간 비틀어 쓰신 와카가 보이지 않도록 하신 것을 기억하고 있습니다.

_《메이지 대제의 일상을 추억하다》

천황은 선 채로 봉투를 뜯어서 선 채로 먹을 갈고 선 채로 와카를 썼다. 한 수를 다 쓰면 먹물이 마르기를 기다리면서 다음 와카를 생각한다. 지치지도 않았던지 그 일은 한동안 계속되었다. 그러다가 와카도 서서히 싫증이 나기 시작한다.

보조 왜 혼났는지 그 이유는 잊어버렸지만 한 시간 정도를 "자네의 조상…"부터 시작해서 꽤 길게 혼이 난 적이 있습니다. 전하께서는 혼을 내시면서 와카를 짓고 계셨는데 와카를 짓는 것이 주된 일이고 혼내시는 것은 뒷전이셨습니다. 후에 내사인內舍人 (시종직 속관)이 무슨 용무인지 내게 온 적이 있었는데 그때 "참으로 안타깝게 혼나시던데요"라고 했습니다.

_《메이지 대제의 일상을 추억하다》

메이지 천황은 도쿠다이지 시종장과 같이 마음을 터놓은 사람한테만 목소리를 높였다. "나는 자주 혼이 났다"고 말하는 보조는 오히려 천황의 마음에 들었던 사람 중 하나인지도 모른다. 그렇다고는 해도 반갑지 않은 편애다.

물건 귀한 줄 모르는 사람들

때로는 지루함을 달래기 위해서 소년을 혼내면서도 천황은 계속해서 와카를 봉투 바깥 면과 안쪽 면에 적어 책상 위의 종이 박스에 넣었다. 이 종이 박스는 천황이 입고 있던 미쓰코시三越(일본 최초의 백화점으로 처음에는 포목점에서 시작했다) 셔츠가 들어 있던 것으로 천황은 진상된 물건이나 와카를 모두 이 상자 안에 분류해서 넣었다.

서류 봉투를 뜯어서 와카를 쓰거나 빈 상자를 재활용하는 것을 보면 천황은 대단한 절약가라는 인상을 받는다. 그 외에도 연필이 다 닳을 때까지 쓴다든지 군복도 떨어진 곳에 헝겊을 대어 입는다든지 메이지 천황의 검약가다운 기질을 나타내는 에피소드는 얼마든지 있다.

하지만 그와는 정반대의 에피소드도 있다. 천황은 다이아몬드를 대단히 좋아해서 궁내성으로부터 경비 절감을 하도록 요청받을 정도였다. 도대체 어느 쪽이 진짜 메이지 천황의 모습일까.

사실 메이지 천황은 절약가도 아니고 낭비가도 아니었다. 왜냐하면 애당초 절약이라거나 낭비라거나 하는 잣대로 궁중에 사는 천황을 측정하려는 자체가 무리이다. 우리는 돈을 저축하는 것을 올바른 일로 생각하기 때문에 이면지 사용을 절약이라는 미덕으로 보고, 반대로 몸을 장식하는 것 외에는 아무런 경제적 효과가 없는 다이아몬드를 낭비라는 악덕으로 본다. 하지만 그런 개념이 전혀 없는 사람들을 우리 식의 기준으로 판단해서 이러쿵저러쿵 한다는 것은 무의미하다.

궁중에서 생활해본 사람의 말을 들어보자.

물건은 쓸 수 있는 만큼 쓰라는 것이 기본적인 생각이셨습니다. 그것은 검약이라고 할 수도 있고 물건 쓰는 데 아무런 거리낌이 없는 것이라고도 할 수 있습니다. 어쨌거나 천황께서는 쓸 수 있는 만큼 쓰라는 식이셨습니다.

_《메이지 천황의 일상》

시종이었던 히노니시 스케히로에 의하면 '쓸 수 있는 만큼 쓰라'는 것은 물건을 쓰는 데 아무런 거리낌이 없다는 뜻으로 검약의 의미는 아니었다고 한다. 우리한테는 '쓸 수 있는 만큼 쓰라'는 것은 검약을 뜻하고 그것은 미덕이라는 공통적인 가치관이 있다. 그러나 궁중에서 지내는 사람은 낡은 물건뿐만 아니라 새 물건도 쓸 수 있는 만큼 쓰면 되는 것이다.

실제로 메이지 천황은 물건을 쓰는 데 아깝다는 의식이 없고 집착하는 일 또한 없었다고 한다. 다이아몬드를 좋아하지만 그것조차도 집착을 하지 않았다고 한다. 세이요켄에서 서양요리의 매너를 배운 니시이쓰쓰지 후미나카는 일찍이 메이지 천황으로부터 다이아몬드를 받은 적이 있다.

전하께서 "후지나미와 니시이쓰쓰지는 거기에 앉거라"고 말씀하시어 두 사람이 모두 앉았는데 "이것을 두 사람 쪽으로 던질 테니 열어보거라"고 하셨습니다. 그래서 우리 앞쪽에 떨어진 상자를 주워서 열어보았는데 뜻밖에도 다이아몬드가 박힌 반지가 들어 있었습니다.

_《담화기록집성》제3권

니시이쓰쓰지는 당시 나이가 열네 살에서 열다섯 살이었다. 그런 어린 소년에게 다이아몬드 반지를 휙 하고 던져준 것이다. 니시이쓰쓰지도 "너무 비싼 것을 받았습니다"라는 말이 없으니 경제 개념이 없기는 마찬가지다.

누구라고 말씀하시지 않고 두 사람 앞에 떨어진 것을 열어보라고 한 것이 매우 공평하게 생각되었습니다.

_《담화기록집성》 제3권

니시이쓰쓰지가 기쁘게 생각한 것은 받은 것이 다이아몬드였다는 사실이 아니라 서열상 더 위인 후지나미 고토타다藤波言忠와 동렬로 선물을 받았다는 사실이었다. 궁중의 규칙으로는 신분상 차이가 있으면 선물도 당연히 차이가 있어야 했기 때문이다.

그렇다고 천황이 후지나미를 소홀하게 생각한 것은 아니었다. 후지나미는 메이지 천황에게 그 누구보다도 신뢰를 받은 사람으로 그후에 시종이 되어 천황에게 훈언을 할 수 있는 몇 안 되는 측근 중의 측근이 되었다.

그런데 후지나미는 천황에게 받은 다이아몬드를 한 달쯤 지나서 잃어버렸다고 한다. 막부 시대에 무사가 영주에게 받은 보물을 잃어버렸다고 하면 할복 자살감이다. 메이지 궁중에서는 군신 모두 물건에 무신경했다고 할 수 있다.

이런저런 시간 보내기

단숨에 와카 한 수를 지어내는 메이지 천황이라도 가끔씩
은 적당한 구절이 생각나지 않을 때가 있었다. 그럴 때면 천
황은 붓을 놓고 담배를 피우며 휴식을 취했다. 시종무관으로
근무하다 후에 육군 중장이 된 시라이 지로白井二郞에 의하면
은 담뱃대를 애용한 황후와 달리 천황은 궐련을 좋아했다.

어좌소에서 보고드릴 때나 복도에서 외부 일을 보고드릴 때
면 전하는 어좌소 안에 혼자 계셨습니다만 그때는 항상 손에 담
배를 들고 계셨습니다. 입에다 대고 피우는 궐련이었습니다.

_《담화기록집성》 제6권

현재는 건강상의 이유로 흡연에 대한 질타가 심하지만 그때는 담배가 신사의 필수 기호품이었다. 한 예로 당시 상류 계급의 저택에는 흡연실이라고 불리는 방이 있었는데 다른 방보다 멋있게 꾸며서 주로 손님을 맞이하는 데 쓰였다. 현재 도쿄도립정원미술관인 구舊 아사카노미야朝香宮 저택이나, 레스토랑으로 바뀐 구舊 오가사하라小笠原 백작 저택 등이 당시의 분위기를 전해주는 대표적인 예이다.

방 안에서 담배 향이 프랑스 향수 냄새와 뒤섞여 감도는 일은 제2차 세계대전 이전의 일본 사교계에서는 흔히 있던 일이다. 메이지 천황의 어좌소에서도 마찬가지였다.

담배로 휴식을 취한 천황은 밖 어좌소의 도코노마에 걸려 있는 검으로 향한다.

천황은 안의 서재에도 검을 장식해 놓고 즐겼지만 밖에서는 더 많은 검을 수집해 놓고 날마다 살펴보는 것을 낙으로 삼았다. 시종인 요네다와 히노니시는 검 담당자로 임명받아 항상 그 검을 손질하거나 정돈해야 했다. 오랫동안 시종으로 근무한 지코지 나카토시慈光寺仲敏에 의하면 천황의 검에 대한 애정은 대단했다.

꽤 많은 검이 수집되어 있었습니다. 학문소 도코노마에는 항상 검을 걸어두는 받침대가 있어서 비장祕藏의 검이라고 할 만

한 것들은 모두 장식하도록 하셨습니다. 또한 그 받침대에 걸어
둔 것 외에도 선반 위에 놓아두거나 상자 안에 넣어둔 것도 있
었습니다. 그리고 검 담당자로 하여금 매주 두 번 월요일과 수
요일에 청소하도록 하셨습니다.

_《담화기록집성》제3권

이와 같이 검 관리를 맡은 담당자가 있었지만 천황은 스스
로도 모든 검을 파악하고 있었다.

검 목록은 항상 가까운 곳에 두셨습니다. 그리고 가끔씩 어좌
소로 빼와서 살펴보곤 하셨습니다. 그리고 이마무라나 다케나
카에게 감정하라고 시키시는 일도 있었습니다.

_《메이지 천황의 일상》

천황은 그렇게도 검을 좋아하면서 정작 감정할 만큼의 안
목은 갖고 있지 않았던 것 같다. 담배 피우기나 검 관리는 나
른한 오후를 보내는 데 좋은 소일거리였다.

잠과 싸우는 소년들

할 일 없는 학문소의 오후, 그 시간이 따분한 것은 천황만
이 아니었다. 시종직 출사 소년들은 따분하다 못해 잠까지 쏟
아져서 그 한가한 시간이 오히려 고역이었다고 한다. 밖과 안
양쪽에서 온종일 천황을 보좌하기 때문에 누구보다도 근무
시간이 길었다. 게다가 천황이 의자에 앉는 일이 없기 때문에
시종 출사들 역시 밖 어좌소 앞 정위치에서 선 채로 대기해야
했다. 꼼짝 않고 가만히 서 있으면 어느덧 창밖에서 나뭇잎
흔들리는 소리가 기분 좋게 들려온다. 그러면 소년들의 눈꺼
풀이 서서히 무거워지는 것이다.

앞에서 이야기한 것처럼 정치적인 알현이 있으면 그 내용
을 듣지 않도록 시종직 출사는 정위치에서 물러나 다른 곳에

가 있어야 한다. 바로 그때 긴장이 풀려 잠 속으로 빠져드는 것이다.

소노이케 긴유키도 복도의 의자에 앉아 있다가 깜빡 잠이 든 적이 있었는데 문득 시원한 바람이 느껴져서 소스라치게 놀라 눈을 떴다고 한다. 눈을 뜨고 보니 야마가타 아리토모가 손에 든 서류로 소노이케를 부채질하고 있었다. 소노이케가 밖 어좌소로 돌아가야 한다는 것을 알고 깨워준 것이다.

그러나 그와 같이 고마운 어른이 없는 경우에는 구세 아키나리처럼 곤란한 경우를 겪게 된다.

구세 시종장의 알현이 길어지면 어좌소 앞 복도에 놓여 있는 의자에 앉아서 기다리게 되는데 그러다 보면 저도 모르게 깜빡 잠이 들었습니다. 전하가 나오시는 것도 모르고 자고 있다가 칼 부딪치는 소리와 함께 "어찌 된 겐가" 하는 호령이 떨어지는 바람에 벌떡 일어난 적도 있습니다.

_《메이지 대제의 일상을 추억하다》

겨우 겨우 잠을 물리친다고 해도 따분한 것은 마찬가지여서 어린 소년들은 장난을 치며 노는 일이 많았다. 메이지 43년(1910)에서 45년(1912)까지 시종직 출사였던 간로지 가타후사 甘露寺方房가 또래끼리 떠들고 노는 모습을 당시 여관이었던 호즈미 히데코穂積英子가 목격한 적이 있었다.

간로지 내가 구세 씨와 장난치고 있다가 뒤구르기를 했는데 그
때 마침 천황께서 지나가셨다. 바로 일어나려고 애썼지만 일어
날 수가 없었다.

호즈미 바로 그때쯤의 일이었는데 간로지 씨와 구세 씨가 복도
에 있던 의자를 서너 개 쌓아 놓은 위에 올라가서 놀다가 간로
지 씨가 뒤로 넘어지면 구세 씨가 손뼉을 치며 "자가자가 장장"
이라고 장단을 맞추곤 했습니다.

_《메이지 대제의 일상을 추억하다》

이와 같이 소년들이 오후 시간을 지루하고 심심하게 보내
고 있었기 때문에 부친이자 동아리 코치와도 같은 천황은 그
소년들을 구제하기 위한 아이디어를 냈다.

청소도 전례에 따라서

이때 천황이 생각해낸 것 중 하나가 '청소'였다.

소년들에게는 재임 연수에 따라 서열이 있었는데 청소 또한 서열에 따라 담당하는 곳이 달랐다. 처음에는 밖 어좌소가 아닌 방들을 청소하고 연수가 늘어나면서 밖 어좌소 청소로 옮겨가게 되어 있었다. 사실 방들은 매일 아침 내사인이 깨끗하게 청소해 놓아서 먼지 하나 있을 여지가 없었다. 소년들의 청소는 청결을 위한 것이 아니라 어디까지나 따분함을 없애기 위한 것이었다.

초심자는 가장 먼저 '모피 털기'를 했다.

학문소의 두 번째 방에는 곰이나 호랑이 가죽과 같은 동물 모피가 열 장 정도 깔려 있었다. (…) 그것을 한 장 한 장 문 앞으로 꺼내 양손으로 흔들어 먼지를 털어냈다. 특히 2층, 그러니까 1층 두 번째 방 바로 윗방에 모피가 가장 많이 깔려 있었다. 전하를 보좌하는 일이 없으면 그것을 한 장씩 옆구리에 끼고 내려와 나오지도 않는 먼지를 탁탁 소리 내어 털었다.

_〈메이지의 소성〉

이 모피도 매일 아침 내사인이 깨끗하게 청소해 놓기 때문에 먼지가 나올 리가 없었다. 30분 정도 해서 다 끝내고 나면 소노이케는 천황에게 청소를 다했다는 보고를 하였다. 열심히 했으니 당연히 칭찬받을 것이라고 기대를 잔뜩 하고 천황 앞에 대령했는데 뜻밖에도 소노이케는 꾸지람을 들었다.

천황은 같은 시종직 출사인 이시야마가 그 일을 했을 때는 한 시간이 걸렸기 때문에 30분이나 빨리 끝낸 소노이케는 제대로 안 했다고 생각한 것이다. 히가시조노 시종이 빨리 일을 끝내고 예정보다 출장에서 일찍 돌아온 것이 천황의 마음에 안 들었던 것과 같은 맥락이다.

꾸지람을 들은 소노이케가 왜 그런지 영문을 몰라서 시종에게 의논을 하자 시종은 "그렇게 하면 안 돼. 뭐든지 전례가 중요하니까 전례와 똑같이 따라서 해야 해"라고 친절하게 조언해주었다고 한다. 그제야 소노이케는 깨달았다.

2층 방에서 무거운 모피는 놔두고 표범이나 여우와 같은 부드럽고 가벼운 것만을 골라 일부러 큰 소리가 나도록 털거나, 같은 것을 두세 번 반복해서 털거나 했다. 다른 사람보다 성격이 소심해서 작은 것 하나도 그냥 못 넘어가는 나 같은 사람도 이와 같은 '요령'과 '전례'를 이해하고 터득하는 데 그리 오래 걸리지 않았다.

_〈메이지의 소성〉

이렇게 해서 소년들은 모름지기 일이란 '전례'를 따르는 것이 가장 중요하다는 점을 몸으로 배웠다.

두 번째 방의 모피 털기를 졸업하면 이번에는 같은 방의 장식장, 다음에는 세 번째 방의 겸 장식장, 이런 식으로 청소하는 장소의 단계가 점점 올라갔다. 가장 마지막 단계에 청소하는 곳이 밖 어좌소의 선반이었다.

어좌소의 전하 가까이에 놓인 장식물이나 선반 청소는 대체로 하루건너 한 번씩 하도록 되어 있었는데 보통은 먼지떨이로 청소를 했다. 청소하는 중에도 전하는 아무렇지도 않게 지시를 내리시며 업무를 보셨다. 장식물을 선반에서 내려놓은 상태에서 알현을 받으시곤 하신 것이다.

_《궁중 50년》

장식물이 여기저기에 흩어져 있는 방에서 알현을 하는 신하는 과연 어떤 기분이었을까? 하지만 의외로 태연했을 수도 있다. 청소는 이틀에 한 번씩은 꼭 했기 때문에 신하에게는 이미 눈에 익은 장면이었을지도 모른다.

숙였던 머리를 들고 말을 꺼내는 신하의 눈앞에는 반짝반짝 빛나는 먼지 입자가 조용히 떠다니고 있었다.

계승되는 궁중 문화

이와 같이 전례에 따라 소년들이 '정성을 다해' 청소에 임한다고 해도 어린아이들이다 보니 물건을 자주 깨뜨렸다. 메이지 34년(1901)에 시종직 출사로 일하고 후에 귀족원 의원이 된 기타노코지 사부로北小路三郞도 청소를 '열심히 한' 사람 중의 한 명이었다.

기타노코지 오후에 자주 대청소를 했는데 어린아이이다 보니 물건들을 비켜놓지 않고 그대로 놓아둔 채 그 위를 먼지떨이로 탁탁 쳤습니다. 그러다 보니 불상사가 끊임없이 일어났습니다. 하지만 딱히 꾸지람은 없으셨습니다.

_《메이지 대제의 일상을 추억하다》

소노이케도 천연석으로 만든 상자의 뚜껑을 반으로 깨뜨린 적이 있었는데 꾸지람은 받지 않았다. 메이지 천황은 평소에 화내는 일이 거의 없었다고 한다. 그렇다고는 하지만 소년들이 하는 청소는 방을 깨끗하게 하기는커녕 내사인이 공들여 청소한 방을 다시 어지럽히는 꼴이 되었다. 그렇다면 왜 메이지 천황은 소년들에게 계속 청소를 시킨 것일까?

거기에는 따분함을 달래기 위한 것 외에 또 다른 목적이 있었다.

족자나 액자를 바꿔 걸 때도 항상 우리 소년들이 하도록 시키셨다. 높은 사다리를 놓고 올라가서 족자나 액자를 바꿔 걸기도 하고 비뚤어진 것을 바로잡기도 했는데 어린 마음에도 점차 그런 일의 즐거움을 알게 되었다.

_《궁중 50년》

말하자면 '청소'는 천황 나름대로의 교육법이었다. 소년들에게 소소한 가사 일을 시킴으로써 궁중에 대대로 내려오는 천황가의 가풍을 알도록 한 것이다.

궁중에서는 매사에 어떻게 행동해야 하는지 미리 정해져 있다. 그러므로 궁중에서는 각각의 상황에 맞추어 정해진 대로 하는 것이 가장 좋은 방법이다. 그것을 터득하는 것이 바로 모든 사람에게 모범이 되는 궁중 생활을 할 수 있는 지름길이다.

보조 도시나가의 장남 도시타미俊民는 부친으로부터 궁중 생활에 대한 많은 가르침을 받았다.

어렸을 때 아버지께서는 집안일 하는 법을 가르쳐주신 적이 있었다. 먼지떨이의 사용법, 어좌소를 비질하는 법, 먼지를 닦아내는 법, 장지문을 나눠서 붙이는 법, 맹장지문에 구멍이 났을 때의 처치법 등.

_《미야비 그 전승みやび その傳承》

그러한 사항들은 보조 도시나가가 시종직 출사 때 천황으로부터 배운 것이기도 했다. 공가에서 부모가 궁중에서의 생활 방법을 자식에게 가르치면, 그것을 배운 자식은 성장해서 궁중으로 들어간 다음 궁중의 기풍을 지키는 데 일익을 담당한다. 이와 같은 순환이 반복되면서 궁중 문화가 끊이지 않고 계속 이어져 내려온 것이다.

가사 일은 하나의 문화가 될 수 있다. 의복의 세탁이나 격자문의 물청소를 솜씨 있게 해내는 여성의 모습이란 아름답기 그지없다. 그 아름다움은 메이지 궁정 안에서 여전히 살아 있었다.

_《미야비 그 전승》

궁중에 숨 쉬는 문화는 우리가 상상하는 것 이상으로 폭넓고 다양하다. 와카를 읊거나 게마리蹴鞠(귀족 남성들의 놀이로 빙 둘러서서 가죽으로 된 공을 땅에 떨어지지 않도록 차올리는 것)를 하는 것은 그중에서 극히 일부분에 지나지 않는다.

졸음 퇴치를 위한 조사 활동

나른한 오후 시간에 졸음으로부터 소년들을 구제하기 위한
것으로 '청소'만 있었던 것은 아니었다.

전하께서는 때때로 우리에게 정원의 나무를 세어보고 보고하
라는 명령을 내리셨다. 종류별로 무슨 나무가 몇 그루씩 있는지
상세히 보고해야 했기 때문에 아이들한테는 결코 쉽지 않은 일
이었다. 그 방면의 전문가에게 물어가면서 고군분투해야 했다.

_《궁중 50년》

나무에 대한 사항을 정원사에게 물어가며 정원을 한 바퀴
도는 것이기 때문에 자연스럽게 생태 공부가 되었고 졸음도

퇴치되었다. 말하자면 일석이조였던 것이다. 소노이케는 주로 소나무 숫자를 파악해 오도록 명을 받았고, 보조는 정원에 켜는 등롱의 숫자를 파악해 오도록 명을 받았는데 "매번 그 숫자가 달랐습니다"(《메이지 대제의 일상을 추억하다》)라고 하는 것을 보면 조사라고는 해도 정확성과는 거리가 멀었던 것 같다.

소년들이 그런 식으로 조사에 열중하고 있으면 그것을 방해하는 훼방꾼이 나타났다. 바로 까마귀들이었다.

숲이 우거지고 식당에서 나오는 음식물 쓰레기 때문인지 궁전 주변에는 항상 까마귀가 많았다. 그래서 수렵관이나 시종, 시종무관들이 철포로 까마귀들을 쏘아서 떨어뜨리는 '악조 사냥'이란 행사가 1년에 한 번씩 개최되었다. 사냥은 '아침 4시부터 저녁까지 하루나 이틀 걸려서'(《담화기록집성》제6권) 이루어졌는데, 누가 몇 마리 잡았는지 천황에게 세세하게 보고하도록 되어 있어서 행사라기보다는 실력을 겨루는 일종의 대회 같은 성격이었다. 그 정도로 많은 까마귀들이 조사를 수행하는 소년들 뒤를 쫓아다니며 귀찮게 군 것이다.

메이지 천황은 소년들에게 까마귀를 퇴치하라는 명령도 내렸다. 소년들이 까마귀 퇴치에 나선다고 해도 어른들처럼 철포를 사용할 수는 없다. 메이지 39년(1906)부터 41년(1908)까지 시종직 출사로 일한 오카자키 야스미쓰岡崎泰光는 정원 안을 돌아다니며 소리를 크게 질러서 까마귀를 쫓았다고 한다.

오카자키 긴 장대를 들고 가서 까마귀를 쫓고 난 다음에 "다 쫓아 내고 왔습니다"라고 전하께 보고를 올리고 있으면 언제 다시 나타났는지 까마귀들이 "까아악 까아악" 하고 울어 전하께서는 "아직 그대로 있지 않느냐" 하고 말씀하셨습니다. 아무래도 우리를 훈련시키려는 의도가 있으셨던 것 같습니다.

_《메이지 대제의 일상을 추억하다》

어설프게 위협하는 정도로는 까마귀가 금세 다시 돌아온다. 끈기 있게 계속 쫓고 있어야만 그나마 효과가 보이니 훈련이라면 훈련인 셈이다.

소년들이 '훈련'으로 한바탕 땀을 흘리고 나면 천황으로부터 상이 내려졌다. 천황이 출어 중이면 나이기로부터 간식이 날라져왔다. 천황이 소년들에게 간식을 나눠준 것이다. 노년의 천황은 당뇨병 때문에 단 것을 피해야 했지만 그 전에는 천황이 좋아하는 단 과자가 주로 간식으로 나왔다. 천황은 산처럼 담긴 과자들을 식사 때와 마찬가지로 전부 혼자 먹진 않았다. 시종직 출사였던 미부 모토요시가 "매일 같이 먹었습니다"라고 하니, 애당초 간식도 소년들에게 내릴 것을 생각해서 넉넉히 준비하도록 했던 것이다.

자신의 업무를 보면서 소년들이 지루해하지 않도록 이런저런 지시를 내리고 또 그후에는 상까지 내려야 하니 천황의 노고도 이만저만이 아니었다.

게임을 즐기는 시종들

시종직 출사가 정원을 돌고 있는 동안 학문소 안에서 가장 한가한 사람은 만일의 알현에 대비해서 대기하고 있던 시종이나 시종무관들이었다. 천황은 그들의 존재도 잊지 않았다.

천황은 나이기의 여관들에게 융단 말기나 갖가지 수공예를 시킨 것처럼 밖의 신하들에게도 손수 고안해낸 '거리 재기(간수 間數)'라는 게임을 하도록 했다.

'거리 재기 게임'이란 천황이 지정한 궁전 안길의 거리를 줄자로 측정하는 것인데, 언뜻 듣기에는 매우 단순해 보이지만 몇 가지 규칙이 있어 말처럼 그렇게 간단하지만은 않았다. 게임을 하기 위해서는 우선 시종직 출사가 부름을 받고 천황이 말하는 대로 길 순서를 받아적어야 했다.

전하께서 "어좌소 중앙에서 시작하여 왼쪽 편에 있는 봉황실을 통과한 다음 오른쪽 복도로 나간 후에 왼쪽으로 꺾어지고 거기서 다시 왼쪽으로 돌아 니시다마리실西溜間(서쪽의 휴게실)을 한 바퀴 돈 다음 어디어디 복도 끝에서 되돌아서…"라고 지정하신 다음 거기에서 다시 어좌소로 돌아오도록 하셨다. 이것을 전하 스스로 이런저런 고안을 하셔서 길 순서를 바꾸기도 하셨다. 나는 전하가 말씀하시는 것을 모두 봉투 뒷면에 받아적었다.

_〈메이지의 소성 2〉

지명된 시종이나 시종무관은 편지지에 정서된 길 순서를 보면서 조수인 내사인을 데리고 줄자로 그 거리를 재었다. 그것만 하면 그나마 할 만한데 천황은 게임을 더 재미있게 하기 위해서 "이번에는 쓴 것을 안 보고 해보거라" 하는 식으로 매번 복잡한 규칙을 추가하였다. 오래된 시종들은 그나마 괜찮지만 젊은 시종무관 같은 경우에는 궁전 안을 모두 숙지하고 있는 경우가 없으므로 길을 헤매는 것은 당연했다.

메이지 34년(1901) 4월부터 8월까지 천황이 교토에 행차했을 때도 교토 궁궐을 무대로 거리 재기 게임을 했다고 한다. 게임 방법은 동일해서 길 순서를 적은 종이를 보고 암기한 다음 종이를 안 보고 외운 대로 줄자로 거리를 재어가는 식이었다. 시종무관에게는 그것이 결코 쉬운 일이 아니었다. 교토 궁궐 안의 건물이나 길의 명칭은 시종무관에게는 처음 듣는 매우 생소한 것이었기 때문이다.

지시받은 종이에는 예를 들면 다음과 같이 적혀 있었다고 한다.

회랑에서 동쪽으로 가면 쪽문, 주전사 숙소, 여관실, 말 그림의 장지문, 전상, 장대를 두는 곳간, 작은 마루방, 북쪽으로 반달 빗 모양의 작은 문, 동쪽으로는 연중행사 그림의 장지문, 세이료덴淸涼殿(천황이 일상적으로 기거하는 곳)에는 주간 집무실에 이어서 야간 집무실이 있으며, 서쪽 밖은 귀신이 있는 방, 주방, 조식실, 화장실, 목욕실에 이어진 북쪽 마루방의 흑문, 후지쓰보藤壺(히교샤飛香舍의 다른 이름으로 앞에 등나무가 심어져 있던 데서 비롯되었다. 우리말로 하면 등꽃방 정도가 된다. 주로 천황 비가 거주하였다) 싸리문, 고키덴弘徽殿(세이료덴 북쪽에 있었으며 천황 비가 주로 거주하였다) 남쪽 두 방 옆으로 가거라.

_《메이지 천황의 일상》

적힌 내용은 더 있지만 이 정도만 해도 당시에 시종무관이 얼마나 당황했을지 가히 상상이 간다.

지명을 받은 두 사람은 어찌 됐든 간에 주문과도 같은 방 이름들을 암송한 다음 회랑의 거리를 재고 다시 쪽문까지의 거리를 재어나갈 수밖에 없었다. 한 사람이 측정한 거리를 큰 소리로 외치면 또 다른 시종무관이 그것을 받아적었는데 그 두 사람 뒤를 천황도 따라가면서 맞는지 틀리는지 확인했다고 한다.

그러다가 만일 두 사람이 길 순서를 틀리기라도 하면 천황은 "그게 아니지 않은가. 벌을 받아야 되겠네" 하며 종이에 표시를 해두었다고 한다. 그리고 이어서 이번에는 거리를 측정하는 순서를 다른 식으로 바꿔서 다시 하도록 했다. 자칫 지루해지기 쉬운 시간이 천황이 고안한 거리 재기 게임으로 긴장감 넘치는 시간으로 재탄생한 것이다. 메이지 궁정에서는 우리가 상상하는 것 같이 주지육림酒池肉林의 연회가 벌어진 것이 아니라 너무나 소박하고 지적인 놀이가 펼쳐지고 있었다.

이와 같이 궁중 사람들이 여유로운 시간을 보내고 있는 사이 해는 뉘엿뉘엿 넘어가서 학문소 지붕에는 어느덧 석양이 비추고 있었다.

입어는 오후 5시 30분

저녁 어둠이 서서히 깔리면 밖 어좌소에는 벨기에 산 촛불이 하나둘 놓이기 시작한다.

메이지 궁은 전관에서 전기 사용이 가능했지만 전기를 싫어한 천황은 누전으로 인한 화재를 이유로 촛불을 켜도록 했다. 촛불을 사용하면 불편한 점이 많았다. 그래서 신하들이 진언을 거듭한 끝에 의식 공간인 궁전 건물에서만 겨우 전기 사용이 허락되었다. 하지만 나이기와 학문소의 밖 어좌소에서는 끝까지 촛불로 일관하였다.

금방 켜진 촛불 아래서 천황은 눈을 깜빡이며 오후 5시 30분까지 책상 앞에서 움직이지 않았다. 하지만 5시 30분 정각이 되면 언제 그랬냐는 듯이 그때까지 하던 일을 재빨리 정리하기 시작한다.

　괘종시계가 정해진 시각을 알리면 와카의 상구를 읊고 하구
를 아직 읊지 않은 상태라고 하더라도 빠른 손놀림으로 와카가
적힌 서류 봉투를 접어서 아키타秋田 현 억새잎 문양의 치리멘
주머니에 손수 집어넣으시고 (후략)

_〈메이지의 소성 2〉

　천황의 퇴근 준비는 대단히 빨랐다.
　시종직 출사는 퇴근 시간이 거의 다 되어서 청소를 하도록
명받는 경우가 종종 있었는데, 5시 30분이 되면 아무리 청소
를 시작한 지 얼마 안 되었다고 해도, 또는 청소를 한창 하는
도중이었다고 해도 그것으로 끝이었다고 한다. 소년들은 방
을 그대로 놔두고 퇴근 준비를 하는 천황을 도왔다. 어질러진
상태로 놔두어도 나중에 내사인이 깨끗하게 치우기 때문에
아무런 상관이 없었다.
　시종직 출사는 와카를 적은 종이를 넣은 치리멘 주머니나
상아 옥새, 뿔 모양의 수정 봉인이 든 상자, 열쇠가 들어 있는
작은 상자 등을 재빠르게 정리한다. 소년들이 물건을 다 정리
할 때를 기다려 천황은 모자를 쓰고 검을 손에 든다. 이제 돌
아갈 준비가 다 되었다.

입어하는 천황 일행의 선두는 연장자인 시종직 출사가 맡는다. 그의 손에는 벨기에 산 촛불을 넣은 놋쇠 각등이 들려 있고, 그것으로 천황의 앞을 밝힌다.

천황은 짐을 들고 따르는 소년들을 뒤돌아보며 복도로 나선다.

오후 5시 30분, 나이기로 통하는 어둑어둑한 복도에는 작은 등불에 의지해서 걸어가는 천황 일행의 그림자가 드리워진다.

나이기의 떠들썩한 저녁 시간
5

느긋하게 즐기는 목욕은 꿈 중의 꿈

오후 5시 30분, 천황 일행은 나른한 오후를 보낸 학문소를 뒤로 하고 나이기로 돌아온다. 시종직 출사가 나이기로 들어가는 독수리 그림 삼나무 문을 조용히 열면 문 안쪽에는 촛불에 비춰진 환상적인 세계가 펼쳐져 있다. 여관이었던 야마카와 미치코는 평생 이 아름다운 광경을 잊을 수가 없다고 한다.

방 안은 마치 고대의 궁전을 그대로 옮겨 놓은 것처럼 큰 샹들리에가 중앙 천장에 늘어져 있었고 큰 촛불만 해도 스무 개가 넘게 켜져 있었습니다. 그것 말고도 여관들 앞에는 유리 덮개가 있는 촛대가 하나씩 놓여 있었고, 복도에는 일본 전통 종이를 바른 초롱이 켜져 있었습니다. 그야말로 방 전체가 아늑하고 그

육한 별천지 같은 느낌이 났다고 할 수 있습니다만 그것이 대리
석 벽난로 위의 큰 거울에 비친 모습은 더욱 환상적이었습니다.
당시에는 보기 드물게도 서양식과 일본식이 같이 어우러진 매
우 근사한 광경이었습니다.

_《여관》

해가 있는 동안에는 그을음으로 거무스름하게 보이던 장지
문과 천장도 해가 지고 밤이 되면 어둠에 가려져 보이지 않는
다. 그리고 방은 아름다운 촛불로 말끔하게 새 단장을 한다.
나이기는 흡사 밤의 궁전과도 같았다.

천황은 걸으면서 모자를 벗어 독수리 그림 삼나무 문 앞으
로 마중을 나온 황후 하루코에게 건넨다. 하루의 집무를 끝낸
천황은 군복을 일본 전통 복장으로 갈아입기 위해 곧바로 옷
방으로 향했다. 그 뒤를 안의 애완견 본이 꼬리를 흔들며 따
라갔다.

이윽고 편한 차림의 천황이 어좌소의 책상으로 향해 가는
데, 그 위에는 시종직 출사가 밖에서 가져온 서류들이 잔뜩
쌓여 있다. 시종직 출사였던 소노이케 긴유키에 의하면 서류
는 한 종류가 아니고 여러 종류가 있었다.

시종 대기소로 보내온 사례 장부謝禮帳簿(서위 서훈의 사례나 그

외의 안부 인사 등을 위해 동쪽 현관 앞에서 기장하도록 한 두꺼운 가죽 표지의 장부)와 니주바시二重橋 다리 주변에 교대로 주둔하는 근위병들의 당직자 명부, 지방 신문, 중앙 기상대에서 보내온 하늘색 지도에 표시된 다음 날 일기예보 등.

_〈메이지의 소성 2〉

궁전이라는 극히 제한된 공간에서 극히 제한된 사람들과 얼굴을 맞대는 천황은 이와 같은 것들을 통해서 궁전 전체의 움직임이나 세상이 돌아가는 동향을 알 수 있었다.

서류를 훑어보는 천황 옆에는 시종직 출사가 퇴근 인사를 하기 위해 기다리고 있다. 천황과 황후에게 인사를 마친 소년들 손에는 과자 꾸러미가 들려 있다. 드디어 소년들은 숙직할 사람만 남겨두고 귀로에 오른다.

보통 사람들은 하루 일이 끝나고 저녁 식사 때까지 시간이 나면 샤워나 목욕을 하고 기분 좋게 식사를 하고 싶어한다. 그러나 각종 규칙에 얽매인 나이기에서는 샤워나 목욕이 대단히 번거로운 일이다. 애당초 나이기의 목욕탕은 들어가고 싶을 때 언제든지 들어갈 수 있는 곳이 아니다. 천황이 "입욕"이라고 지시를 내리면 그때부터 준비가 서서히 시작되는 것이다.

천황의 거주 구역에는 전용 목욕실인 '목욕전'이 있었다(18쪽 그림 참조). 목욕전은 8조(1조疊는 대략 90×180센티미터로 2조가 1평 정도이다) 넓이의 탈의 공간과 같은 크기의 목욕 공간으로 나뉘어 있으며 우리가 생각하는 목욕탕과는 여러 면에서 달랐다.

천황이 목욕할 것을 여관이 알리면 우선 온수 준비가 이루어진다. 목욕 공간은 한가운데 노송나무로 만든 원형의 욕조가 하나 놓여 있을 뿐, 수도꼭지나 물을 데우는 장치 같은 것은 없다. 사인이었던 오가와 가네오에 의하면 온수는 다른 장소에서 목욕전으로 날라오는 식이었다.

이 목욕전은 가마꾼이 담당하였는데 별도의 장소에 설치된 큰 가마에서 물을 끓여 물동에 길어다가 목욕전으로 날랐다. 가마꾼은 이때 흰 저고리의 기모노에 흰색 하카마를 입어야 했다. 목욕전으로 날라온 물은 욕조에 먼저 붓고 난 다음 여분으로 물 온도를 조절할 때 사용하도록 했다.

_《궁정》

가마꾼은 '야세八瀨 동자'라고도 불렸는데, 천황이 신사에 가서 제사를 지낼 때 천황의 가마를 메는 사람이 교토 야세 마을 출신이었던 것에서 비롯되었다. 그들은 고다이고後醍醐 천황이 요시노吉野로 피신 갔을 때 시중을 든 공적으로 그후에 대대로 궁중에서 일할 수 있게 되었다고 한다. 그들은 가마 메는 일이 없을 때는 이런 식으로 허드렛일도 했다.

가마꾼은 나이기의 규칙에 따라서 온수를 나르는 일까지만 했다. 그 다음에 물을 욕조에 붓는 역할은 명부나 권명부 소임이었다. 명부가 물의 온도를 조절하면서 욕조에 온수를 다 채우면 그날 당번인 권전시와 장시, 권장시에게 연락한다. 이 것으로 목욕 준비는 완료된다.

천황의 몸을 닦는 세 명의 여관

　목욕전으로 향하는 천황을 선도하는 것은 촛대를 손에 든 나이 든 장시와 권장시였다. 키 차이가 많이 나는 천황을 사이에 두고 그 뒤를 권전시와 역시 나이든 명부와 권명부가 따른다.

　탈의 공간은 8조 넓이로 한가운데 2조 정도의 공간이 약간 높은 단처럼 되어 있었는데, 그곳의 다다미만 고마베리高麗緣 (다다미의 테두리를 두르는 천의 종류. 흰색 바탕에 검은색으로 구름이나 국화 문양을 직조하여 만들며, 명칭은 한반도에서 전래했다)라는 고급 천의 테두리가 둘러져 있다. 천황이 그 위에 서고 그 아래 한 단 낮은 곳에서 여관들이 탈의 시중을 든다. 이렇게 해서 탈의를 한 천황은 세 명의 여관에게 둘러싸여 욕조로 향하고 드디어 목욕이 시작되는데 이때부터가 번거롭다.

나이기에서는 모든 장면에서 '청'과 '차'를 엄격하게 구별하여 식사 상차림 때도 여관들은 복잡한 규칙을 지키지 않으면 안 되었다. 입욕에 있어서도 마찬가지다.

예를 들면 천황의 몸을 씻는 데도 청인 상반신은 권전시, 장시, 권장시가 씻고, 차에 해당하는 하반신은 명부, 권명부가 씻어야 했다. 천황은 신성한 존재이기 때문에 전신을 청이라고 생각할 수 있는데 그렇지는 않은 것이다.

그리고 욕조는 물을 허리 정도까지만 채워서 하반신만 물속에 담그도록 한다. 지금으로 말하자면 반신욕이 되는 것이다. 그 이유는 욕조 가득 물을 부으면 상반신까지 물속에 들어가 차인 하반신의 더러움으로 청인 상반신까지 더러워지기 때문이다.

시종이었던 히노니시 스케히로는 군사 대연습 때 여관 대신에 입욕 시중을 들었다고 한다.

물속에 들어가 계실 때는 뒤로 돌아가서 수건으로 등에 물을 끼얹는 식으로 했습니다.

_《메이지 천황의 일상》

이것은 천황 스스로가 지시한 것이므로 나이기에서도 같은 식으로 했을 가능성이 높다. 이와 같이 욕조의 물과는 별도의 물을 상반신에 끼얹는 식으로 청과 차의 문제를 해결하였다. 천황에게 목욕은 피로를 풀기 위한 것이 아니라 몸을 청정하게 하기 위한 하나의 의식과도 같은 것이었다. 야마카와에 의하면 목욕 마지막에 헹구는 물을 많이 사용한다. 몸에서 부정한 것을 씻어낸다는 의식이 강했던 것이다.

천황의 입욕에서 또 하나 특이한 것은 욕조에서 올라와 몸의 물기를 닦을 때였다. 청과 차의 개념으로 보면 한 장의 수건으로 전신을 닦으면 상반신까지 더러워져서 다시 씻지 않으면 안 된다. 그것을 미연에 방지하기 위해서 나이기에서는 다음과 같은 방법을 고안해냈다.

흰색 마 두 장을 겹친 욕의(솔기를 안쪽으로 넣어서 꿰맨 것으로 겉과 안이 따로 없는 겹옷과 같은 것)를 다른 사람, 즉 권전시나 나이시(장시나 권장시)가 어깨에 걸쳐드리면 그것으로 닦으셨습니다.

_《여관》

이 특수한 욕의는 솔기가 옥체에 닿지 않도록 특별하게 제작한 것으로 몸을 닦는 데만 사용되었다. 지금으로 말하면 목욕 가운과 같은 것으로 입기만 하면 몸 전체의 수분을 흡수하도록 되어 있어 수건을 사용할 때 생기는 문제를 해결할 수 있었다. 여관들도 이 욕의를 사용했으며 천황과 황후에게는 매번 새 것이 준비되었다.

평상시에는 사람이 드나들지 않아서 썰렁하기만 한 이 목욕전에서 전통적인 규칙을 꼬박꼬박 지키면서 목욕을 하다 보면, 특히 겨울철에는 몸이 금방 식어버려 추위를 느낄 수밖에 없다. 그래서 그랬는지 천황은 목욕전에서 목욕하는 것을 그다지 좋아하지 않았다고 한다.

나이기에서 겨울에는 거의 목욕을 하지 않으셨다고 합니다. 배례拜禮할 때는 예외였습니다만 그 외에 목욕전에 가시는 일은 거의 없으셨습니다. 목욕전에서 목욕을 하시는 것은 여름뿐이었다고 합니다.

_《메이지 천황의 일상》

그렇다고 천황이 불결한 것은 절대 아니었다.

아침과 저녁에 상반신을 닦아내고 생모 나카야마 요시코中山慶子의 권유로 족욕 또한 빼놓지 않았다. 땀을 많이 흘리는 계절에는 하루에도 몇 번씩 속옷을 갈아입고 침구나 잠옷은 새 것으로 자주 바꾸었다. 그리고 무엇보다도 신변의 일은 신하가 다 해주고 스스로는 운동조차 하지 않으며 궁전 안의 정해진 곳으로만 이동하였던 천황은 몸이 더러워질 일조차 없었던 것이다.

　황후의 목욕에 관해서는 자세하게 기록한 것이 없고 시간
대도 확실치 않다. 목욕 후의 몸차림에 시간이 많이 걸렸다는
증언이나 나이기의 밤 스케줄 등을 참고로 해서 유추하면 천
황이 출어한 낮 시간에 이루어진 것이 아닐까 한다. 황후의
목욕도 천황과 동일한 형태의 목욕전에서 동일한 방법으로
이루어진 것으로 보이는데 여관만은 권전시 대신에 권장시
두 사람과 명부 한 사람이 시중을 든 것으로 되어 있다.

화장실 안에서도 사생활 보호는 없어

목욕전과 같이 개인 프라이버시에 관련된 장소가 하나 더 있다. 바로 화장실이다. 다이쇼 천황 아래서 시종으로 근무한 가와바타 사네히데에 의하면 나이기의 화장실은 '오토ぉとう'라고 불렀다.

이것은 불교의 선종에서 온 것으로 선종 사원에서는 화장실을 '도스東司'라고 합니다. 교토 궁궐의 평면도에도 도스라고 적혀 있습니다. 왜 도스라고 하냐면 동쪽을 지배하는 오추사마 명왕烏芻沙摩明王(불교에서 더러운 것을 없애준다는 명왕)이 모셔져 있기 때문입니다.

_《궁정의 생활》

신도神道의 총본산인 일본의 궁정에 불교적인 요소가 남아 있는 것은 놀랄 만한 일이다. 오토는 목욕전과 마찬가지로 천황과 황후의 거주 구역에 각각 있었다. 막부 말기에 궁정에서 일한 시모하시 유키오사下橋敬長의 강연록《막부 말의 궁정幕末の宮廷》에 의하면 에도 시대에는 오사시御差라고 하여 천황의 오토에 시중드는 여관이 있었다고 하는데 메이지 관제 개편 때 폐지되었다.

그를 대신하여 메이지 시대에는 나이기에서는 두 명의 여관이, 학문소에서는 시종직 출사가 각각 시중을 들었다. 황후에게도 시중을 드는 여관 두 명이 있었다. 오토에는 여름에는 얼음이, 그리고 겨울에는 화로가 놓여 있어 언제 사용해도 불편함이 없도록 해놓았으며 항상 정결하게 관리했다.

오토는 화장실 전체를 가리키는 말이기도 하지만, 변기 자체를 가리키는 말이기도 했다.

상부가 가로 2척(1척은 약 30센티미터), 세로 4척 정도 되는 장방형으로 높이는 2척 정도 되었다. 바닥은 4절의 화선지 세 장 정도의 크기였으며 위로 갈수록 넓어지는 상자 모양을 하고 있었다. 나무 표면에는 검은색으로 옻칠이 되어 있었다. 그 상자 바닥에는 쌀겨를 깔고 그 위에 화선지를 깔았다.

_《궁정》

상자는 사용할 때마다 들어내고 새 것으로 바꾸었다. 그리고 그 후 변기를 처리하는 데도 궁중의 규칙이 적용되었다.

오토의 처리는 밖 어좌소에서는 가마꾼 담당이었고, 안에서는 황후 궁직의 사인 담당이었다. 전하가 용변을 보시면 곧바로 안쪽 여관들에게 전달되고 바로 담당 사인이 소사 한 명을 데리고 측간에 가서 오토를 처리하는데, 용변은 소사가 다시 받아들고 시의료에 가서 검사를 받았다. 그리고 검사가 끝나면 모미지야마紅葉山 산으로 가는 도중에 있는 도칸보리道懽堀 천 옆에 깊게 판 웅덩이에 버렸다.

_《궁정》

시의에 의한 검사는 천황과 황후의 건강 상태를 아는 데 매우 중요했으므로 거기에 개인적인 프라이버시를 보호할 수 있는 여지는 없었다.

스무 가지 음식이 차려지는 식탁

오후 7시 수라실에 천황과 황후가 도착하면 저녁 식사가 시작된다. 식사의 시작을 전하는 '말 전하기 게임', 테이블 배치, 상차림을 담당하는 여관의 역할은 점심 식사 때와 다르지 않다.

식탁에 오르는 음식의 가짓수는 점심 식사 때보다 많아서 스무 가지에 이른다. 메뉴는 '보리멸 양념구이, 토막 낸 숭어조림, 우엉조림, 가지조림, 가끔씩 장어 말이 등'(《메이지의 소성》)과 같이 지극히 서민적인 것들이었다.

전하께서는 진한 맛을 좋아하셨기 때문에 같은 생선이라도 양념구이나 조림으로 해서 드렸고, 황후께는 소금구이나 회, 숭

어알 말린 것과 같이 담백한 것으로 드렸습니다.

_《여관》

진한 맛을 좋아하는 천황과 담백한 맛을 좋아하는 황후, 식성이 다른 두 사람을 위해서 대선료에서는 여러 가지 조리법을 고안해냈다.

그런데 저녁 식사에서 천황이 가장 즐긴 것은 다름 아닌 반주였다. 천황은 젊었을 때는 매일 밤 얼큰하게 취할 정도로 신하와 대작을 하였으나 나이가 든 후에는 황후나 여관을 상대로 정량만을 마셨다. 게다가 시의가 주량도 제한하도록 권유하여 포도주만을 마시게 되었다. 하지만 첫 잔은 누가 뭐래도 전부터 마셔온 일본 전통주를 마셨다.

저녁 식사 때에는 반드시 닭고기주를 한 잔 드렸습니다. 계절에 따라서는 오리고기주를 드리기도 했습니다. 이것은 닭고기나 오리고기에 소금을 뿌려 불에 살짝 구운 다음 그릇에 넣고 그 위에 뜨거운 술을 부은 다음 뚜껑을 닫아서 드리는 것을 말합니다. 나중에는 영양 섭취를 위해서 고기 양은 많이 하고 술의 양은 적게 하여 드렸습니다.

_《메이지 천황의 일상》

지금도 생선 지느러미를 불에 살짝 태운 것에 일본 전통주를 부어서 마시는 주법이 있는데, 닭고기주는 말하자면 생선 지느러미 대신에 닭고기를 넣은 것이다. 원래는 살짝 불에 구운 고기에서 빠진 기름이 술맛을 좋게 하는 것인데 히노니시에 의하면 나중에는 술과 고기의 양이 바뀌어서 마치 술로 찐 고기와 같은 식이 되었다고 한다.

사실 메이지 천황이 가장 좋아한 술은 샴페인이었지만 한 번 마시면 과음을 하시는 바람에 주위에서 마시지 않도록 말렸다고 한다.

브랜드나 위스키같이 독한 술은 그다지 좋아하지 않으셨습니다. 일본 전통의 청주나 포도주, 샴페인, 베르무트, 그리고 한약주, 토속주 같은 것을 즐기셨습니다. 한약주나 토속주는 나라奈良나 오카야마岡山에 출장 가면 반드시 사오도록 하셨습니다. 그 술을 바로 옆에다 두고 홀짝 홀짝 드시곤 했습니다.

_《메이지 천황의 일상》

천황은 매일 거르지 않고 반주를 하는 이른바 애주가였지만 안주는 보통 사람들과 달랐다.

일반 사람들이 보통 좋아하는 안주는 드시지 않았습니다. 특히 싫어하신 것을 들자면, 우선 회가 있는데 회를 입에 절대 대지 않으셨습니다. 그리고 초절임, 장아찌, 과일 같은 것도 거의 드시지 않았습니다.

_《메이지 천황의 일상》

반대로 천황이 좋아한 것은 익힌 생선, 생선 알, 닭고기, 교토 산 채소, 아스파라거스, 그리고 화과자 같은 것들이었다. 천황의 술에 대한 지론은 "단팥떡을 안주 삼아 술을 마실 수 있는 사람이야말로 진정한 술꾼이라고 할 수 있다"는 것이다. 일반적으로 말하는 주당과 단것을 좋아하는 감미당 모두를 아우르는 식성이었다고 할 수 있다.

여관들의 식사 사정

아침 식사나 점심 식사와 마찬가지로 저녁 식사에서도 그릇마다 음식이 그득하게 담겼다. 저녁 식사는 천황 부처뿐만 아니라 여관들에게 줄 것, 그리고 밖에서 숙직하는 사람 몫까지 해서 아침 식사보다 양이 더 많았다.

30센티미터 정도 되는 큰 도미를 구운 것도 있고 우동, 국수와 함께 조린 것도 있었다. 은어같이 중간 크기의 생선은 천황과 황후 한 분당 열다섯 마리씩 상에 올랐다.

_《여관》

여관이 식사 때의 규칙에 따라 천황 부처가 먹을 양을 덜어서 작은 접시에 담으면 천황은 곧바로 신하들에게 '하사할 음식'을 지정했다. 술이 들어가자 천황의 기분도 점점 좋아져서 저녁 식사 자리는 웃음이 끊이지 않았다고 한다. 또한 궁정의 여기저기에서는 신하들이 천황이 하사한 음식을 놓고 둘러앉아 담소를 나누는 연회가 열렸다.

천황의 음식 하사는 원래 신하에 대한 배려에서 비롯되었지만 여관들에게는 그 이상의 의미가 있었다. 여관들에게 있어서 천황으로부터 하사받는 음식은 경제적인 부담을 덜어주는 매우 절실한 것이었다.

여관은 삼교대로 근무하였는데 식사는 그 사이사이에 각자 여관 식당에서 해야 했다. 식당이라고 하면 오늘날의 구내식당 같은 것을 떠올릴 수도 있으나 실제로는 식사를 하기 위해 마련된 간단한 휴게실 같은 곳이었다. 당연히 음식을 만들어주는 요리사도 없었다.

여관들의 식사는 시녀들에 의해 배달되었는데 요리의 내용이나 질은 각 부서의 재정 사정에 따라 조금씩 달랐다.

야마카와 미치코가 속한 부서의 경우를 살펴보자. 야마카와의 부서에는 야마카와를 비롯해서 야나기와라 아이코, 히노니시 가오코日野西薫子와 같은 세 명의 여관에 아홉 명의 하인이 딸려 있었다. 그 아홉 명의 하인들의 급료와 식비 중에서 6인분을 야나기와라가 지불하고 나머지 3인분을 히노니시와 야마카와가 각각 분담했다. 세 명의 여관은 가문 좋은 공가 출신이기는 하지만 집안이 그렇게 부유한 편은 아니었다.

여관이란 직분은 돈이 많이 드는 자리였다. 예를 들어 양장을 하기 위한 드레스나 핸드백, 구두 등은 지금과는 달리 당시에는 엄청나게 고가였는데 그 의상을 여관들은 본인이 부담해야 했다. 또한 명절 때가 되면 나이기 사람들에게 선물도 돌려야 했고 교제비 또한 필요했다. 관리자로서 이 모든 경비를 감당하는 것은 쉽지 않았으므로 아무래도 식사에는 소홀할 수밖에 없었다.

어린 시종직 출사조차도 월급 20엔에서 매 끼니마다 10전은 점심 식사 비용으로 지불해야 했다. 후에 장전장掌典長에서 메이지 신궁의 궁사가 된 간로지 오사나가甘露寺受長에 의하면 원래 시종직 출사라는 일은 '메이지 천황이 공경 화족을 가난에서 구해주기' 위한 '그럴듯한 아르바이트'(《천황마마》) 자리였다. 아무리 그렇다고 해도 어린아이한테까지 경비를 부담 지운 것은 가혹하다고 할 수 있다.

하사 음식은 말하자면 천황이 신하의 재정 상태에 도움을 주기 위한 그럴듯한 구실이었던 셈이다.

사실 해당 부서에서는 모든 것을 절약해서 지내야 했기 때문에 근무한 지 얼마 되지 않았을 때는 식사하는 데도 곤란을 겪었습니다만 천황과 황후 마마 식탁에 상을 차리게 되면서부터 음식을 하사받았기 때문에 그 문제는 해결되었습니다.

_《여관》

천황이 하사한 음식을 모든 사람이 감사히 받아먹는 가운데 유일하게 자기가 좋아하는 것이 아니라고 쳐다보지도 않는 버릇없는 것이 있었다. 바로 천황의 애완견 본이다.

여관이 젓가락으로 집어주는 쇠고기조림이나 밥 덩어리를 쳐다보지도 않고 외면하였다.

_〈메이지의 소성〉

벌로 내리는 게임도 전통 행사

이와 같이 천황의 저녁 식탁에는 웃음소리가 끊이지 않았는데 매일 밤 거의 같은 시각에 일동이 쥐 죽은 듯이 조용해지는 때가 있었다. 바로 여관이 수라실 앞 복도에 놓여 있는 초롱 속 촛불 심지를 자를 때였다. 여관이었던 호즈미 히데코는 그 일을 매우 싫어했다고 한다.

식사 중에 그 촛불을 꺼뜨리면 옛날부터 내려오던 식으로 촛불 주위에 둘러쳐진 종이막을 두드리며 그 주위를 세 번 돌아야 했는데 마치 무슨 곡예라도 하는 것 같았습니다.

_《쇼켄 황태후 어곤덕록》

나이기에서는 심지까지 다 타는 벨기에 산 초를 사용했지만 유독 이 초롱만은 심지가 남는 일본 초를 사용하고 있었다. 그래서 가끔씩 심지를 잘라주어야 하는데 심지를 자를 때 불이 잘 꺼져서 말썽이었던 것이다.

'식사 중에 촛불을 꺼뜨리면 담당자가 곡예를 보여야 한다'는 옛날식 전통을 지키기 위해 일부러 관리가 번거로운 일본 초를 사용하도록 한 것이다. 오로지 '전통'을 지키기 위해서 그런 말도 안 되는 설정을 해놓다니 지금으로서는 납득하기 어려운 일이다.

심지 자르는 것을 숨죽이며 바라보는 천황과, 곡예는 절대 하지 않겠다고 온 정신을 집중해서 심지를 자르는 여관. 이것은 저녁 식사 때마다 벌어진 전통 지키기 행사의 광경이었다. 결국 불을 꺼뜨리는 일 없이 심지를 자른 여관은 당당하게 천황 앞을 지나서 물러간다. 그러면 그동안의 침묵을 일순간에 깨는 천황의 큰 웃음소리가 방 안에 울려퍼졌다.

메이지 천황이 여관을 골탕 먹인 것은 그것뿐만이 아니었다. 시종직 출사였던 니시이쓰쓰지 후미나카는 젊은 날의 천황을 떠올리며 얼굴 가득 미소를 짓는다.

불을 꺼뜨려서 여관을 곤혹스럽게 하는 것을 특히 좋아하셨는데 기분이 좋으실 때는 더 왁자지껄하고 소란스러웠습니다.

그때는 이 정도로 높은 촛대에 유리로 만든 덮개를 씌웠고 그 안에 촛불이 세워져 있었습니다. 전기나 램프 같은 것은 없었지요. 그것을 이쪽을 켜면 다른 쪽을 끄고 다른 쪽을 켜면 또 이쪽을 끄고 하면서 장난을 치셨습니다. 웃음소리가 끊이지 않았습니다.

_《담화기록집성》제3권

천황은 어른이 되고부터 촛불을 끄고 다니는 행동을 하지 않았지만 가끔씩은 아카사카 시절의 개구쟁이 천황으로 돌아갔다.

어느 날 밤, 황후의 식탁에 놓인 굴에서 작은 진주가 나왔다. 궁정에서는 아주 사소한 일도 좋은 일의 징조로 보는 일이 많다. 여관들이 복을 부르는 일이라고 호들갑스럽게 황후를 칭송하자 지기 싫어하는 천황은 갑자기 경쟁심이 불타올랐다.

얼마 안 되어 지방에서 큰 굴이 시종직 앞으로 배달되었다. 천황이 명한 것이다. 그리고 나이기에서는 진주 찾기가 한바탕 벌어졌다.

껍질을 딴 굴이 그대로 어전으로 옮겨지면 입구 한 쪽에서 여관이 굴 알맹이를 하나 하나 꺼내 손끝으로 눌러서 확인하곤 했다.

_《메이지 궁정의 추억》

하지만 마지막 굴 한 개까지 다 살펴봐도 진주는 나오지 않았다. 할 수 없이 천황은 '굴 껍질 안쪽에 진주와 같이 볼록한 것을 몇 개 발견하여' 그 부분을 떼어내게 하였다. 진 것을 인정하고 싶지 않았던 천황은 '진주 같은 것'을 손에 들고 "이 조개는 징후를 보이고 있다"고 해서 크게 웃었다고 한다.

신선하고 질 좋은 굴을 놀이에 사용하는 식이었으니 아깝기 그지없다. 앞에서도 말했듯이 천황은 검소한 사람도 아니었고 그렇다고 낭비가 심한 편도 아니었다. 그냥 즐기는 놀이로써 진주 찾기를 했을 뿐이다. 여관들 사이에서는 "징후를 보이고 있다"는 말이 한동안 유행했었다고 한다.

아주 사소한 일이지만 다 같이 웃으면서 재미있게 시간을 보낸 것이다.

식후에도 놀이는 이어져

밤 9시 30분, 기나긴 저녁 식사가 끝난다.

그러면 그날 당번인 여관이 짧아진 나이기 안의 초를 일제히 교체한다. 안의 규칙에 따라 천황 부처의 눈에 띄는 곳의 관리는 모두 장시와 권장시 담당이었다. 그중에서 여관들이 가장 조심해야 했던 것이 높은 받침대에 올라가서 샹들리에의 초를 교체하는 일이었다. 이때는 여관이 천황 부처를 내려다보는 형상이 되므로 황공하다는 뜻으로 "높은 곳에서 실례하겠습니다" 하며 받침대에 올랐다.

새로 간 초가 하나둘씩 타오르기 시작할 무렵 식후의 놀이는 다시 시작된다.

천황은 축음기로 비파 노래 듣는 것을 좋아했다. 가끔 기분이 내키면 스스로 읊조리는 경우도 있었다. 시종직 출사였던 보조 도시나가는 천황이 약간 취기가 돌아 노래하는 것을 들은 적이 있었다.

밤에 기분이 좋으실 때는 큰 소리로 비파 노래를 부르시곤 하셨다. 젊었을 때 니시 슈이치西週―(기억이 명확하지 않음)인가 하는 사람한테 배우셨다며 목청을 높여서 부르시는데 그다지 잘 부르시는 것 같지는 않았다.

_《궁중 50년》(니시 슈이치西週―는 니시 고키치西幸吉의 잘못)

천황 자신도 음치라는 것을 알고 있었는지 절대 밖에서 노래 부르는 일이 없었다. 유일하게 지방 행차 때 노래를 부르는 경우가 있었는데 내용은 요쿄쿠謠曲(일본 전통극 노能의 노래 부분), 비파 노래, 군가 등 레퍼토리가 다양했다. 그런데 노래를 잘 부르지 못한다는 사실을 인정하고 싶지 않은 천황은 시종들한테 그런 이야기를 듣지 않도록 '시종 사와 요시모토澤宣元에게 가르쳐준다'는 구실을 붙여서 노래를 '어쩔 수 없이' 부르는 식으로 하고 있었다.

그러한 경우에 우리가 얼굴이라도 내밀면 바로 멈추시는데 조금 놀려드릴 요량으로 "무슨 큰 소리가 들렸습니다만" 하고 아뢰면, "나는 아무 소리도 안 냈다. 사와가 했겠지"라고 하시어, "사와의 목소리는 아니었던 것 같습니다만"이라고 하면 웃으셨다.

_《메이지 천황의 일상》

천황은 그렇게 변명을 하면서도 히노니시가 물러나가면 다시 노래를 시작했다. '노래 부르는 것'과 '놀림을 받는 것'을 모두 즐기고 있었던 듯하다.

한차례 레코드를 다 들으면 이번에는 악기 연주로 들어간다.

옛날 왕조 문학에서는 천황을 중심으로 하여 아름다운 귀공자들이 관현악 연주를 즐기는 장면이 자주 나온다. 메이지 궁전에서도 그와 같이 옛날부터 전해내려온 명기名器를 연주하며 풍아한 저녁을 보냈을 것으로 상상한다.

그러나 메이지의 나이기에서 연주했던 악기는 여관이 직접 만든 것으로 아무리 좋게 이야기해도 명기라고는 도저히 할 수 없는 조잡한 것들이었다. 천황은 시간이 있을 때마다 여관들에게 수공예품을 만들도록 한 것처럼 악기도 만들도록 했다.

비파는 전하가 직접 지시하시어 여관이 목공 공구를 가져와서 두꺼운 판을 비파 모양으로 잘라내고 음을 조절하는 머리 부분에 손잡이를 단 다음 대나무의 맨질맨질한 껍질 부분을 명함 크기로 잘라서 얇게 간 것을 붙여서 만들었다.

_〈메이지의 소성 4〉

항상 그렇듯이 천황은 여관이나 신하들을 너무 열성적으로 지도했다. 만들기 어려운 부분은 내장료 목공에게 도움까지 받도록 해서 어떻게든 완성시키도록 했다. 하지만 아무리 그래도 그것은 아마추어가 만든 공작품에 불과했다. 아름다운 음이 나오기는커녕 소리조차 나지 않을 때도 있었다. 하지만 천황은 거기에 굴하지 않고 피리까지 만들도록 했다.

그러고는 드디어 직접 제작한 악기로 연주회를 열었다.

와카나若菜 내시라는 (…) 여관이 사쓰마薩摩 비파는 이런 것이라는 듯이 목소리를 그럴듯하게 섞어가며 입으로 딩가딩가 하는 식이었다.

피리도 마찬가지로 여관이 대나무에 구멍을 뚫어서 만든 것이었는데 소리가 난 적은 거의 없고 어쩌다가 "삐一" 하는 소리라도 나면 그나마 나은 것이었다.

_〈메이지의 소성 4〉

거기에서 우아한 음색에 심취하며 사색에 잠기는 모습은 찾아볼 수 없었다.

환상적인 불빛으로 휘감긴 궁중에서 여관들이 마치 초등학생들처럼 음도 제대로 나오지 않는 비파나 피리를 목소리로 대신하면서 연주하고 있는 모습은 생각만 해도 웃음이 나온다. 하지만 본인들은 꽤나 진지하게 연주에 몰두했다. 이 연주회는 "누구 하나 싫증 내는 법 없이 매일 밤 계속되었다"(《메이지의 소성 4》)라고 할 정도로 천황은 심취해 있었다.

　이렇게 기묘한 음들이 궁전 주변 숲을 가득 채운 채 나이기의 밤은 천천히 깊어갔다.

취침에 드는 궁전
6

천황은 하룻밤에 두 번 잔다

밤 10시 30분 나이기 일동이 손수 제작한 악기로 관현악에 심취해 있을 때 궁내성에서는 숙직이 마지막 순찰을 돌고 있다. 학문소와 궁전을 사이에 두고 나이기의 반대편에 있는 궁내성은, 나이기와 달리 전관 전기 사용이 허락되었으나, 나무를 때어 난방을 해야 했기 때문에 불조심이 필수였다.

천황의 기상을 알리는 '오히루' 전달에 의해 시작된 메이지 궁전 각 부서의 하루는 당연히 천황의 취침인 '미코시'를 신호로 끝이 난다. 단지 항상 일정한 오히루 시간과는 달리 미코시 시간은 그날그날 달랐다.

천황이라는 궁정 시계가 정확하지 않으면 각 부서의 일이

어그러지고 궁전 전체가 혼란스러워질 것이다. 하지만 미코시 시간은 일정하지 않아도 궁전 내에서는 큰 문제가 되지 않았다. 사인이었던 오가와 가네오에 의하면 혼란을 피하는 방법이 준비되어 있었다.

'미코시'는 '밖 미코시'와 '안 미코시' 두 가지가 있어서 밖 미코시는 당직인 궁내 서기관이 발령하면 사인이 "밖 미코시"라고 외치고 다닌다. 이 밖 미코시에 의해 당직 궁내관은 취침에 드는데 시각은 10시였다. 안 미코시라는 것은 실제로 전하가 취침하시는 시각으로 이 시각에는 측근자만 깨어 있다. 이것은 황후 궁직에서 발령되어 사인이 "안 미코시"라고 외치며 다녔다.

_《궁정》

이와 같은 이중적인 시스템은 천황이 신하에게 불편을 주지 않도록 고안된 것으로 천황이 승마나 산책을 하지 않게 된 것이나, 여관에게 방해가 되지 않으려고 이방 저방을 전전한 것과 일맥상통한다. 예부터 면면히 내려온 궁중의 제도를 바꾸는 일 없이 스스로 문제를 회피하는 식으로 양쪽을 모두 성립시키는 것이다.

천황은 두 가지 '미코시'를 구분해서 시행함으로써 천황을 직접 보좌하는 사람 이외에는 매일 정해진 시간에 일을 끝낼 수 있도록 하였다.

밤 10시에 드디어 궁내 서기관이 밤 미코시를 발령한다.

메이지 궁전의 많은 부서들이 일을 끝내고 취침에 든다.

생각날 때마다 하는 질문들

밤 11시, 시종과 시종무관은 밖 미코시가 외쳐진 후에도 아직 끝나지 않은 밤을 보내고 있다. 그들은 실제적인 천황의 미코시까지 깨어 있어야 하지만 그렇다고 딱히 할 일이 있는 것도 아니다. 학문소의 시종 대기실에 모여 그저 시간이 흘러가기만을 기다리고 있을 뿐이다.

그러나 이렇게 특별한 일이 없는 때야말로 이런저런 명령을 내리는 사람이 메이지 천황이다. 천황은 낮에는 승마나 거리 재기와 같은 게임으로 신하들을 긴장하게 만들지만 밤에는 밤대로 즉흥적인 질문을 연발해서 주위 사람들을 당황하게 하였다.

메이지 41년(1908)부터 붕어까지 시종무관으로 일했던 육군 소장 우에다 효키치上田兵杏에 의하면 천황이 나이기에 남아 있는 시종직 출사 소년들을 통해서 질문한 내용은 다음과 같은 것들이었다.

야간에 시나가와品川 쪽에서 해군의 대포 소리가 들릴 때가 있었습니다. 그러면 그에 따른 하문이 내려집니다. "저것은 어디에서 무엇 때문에 하고 있는 것이냐"고.

_《담화기록집성》제6권

갑작스런 질문에 대답할 길이 없는 시종무관들은 해군성에 문의를 할 수밖에 없는데 본부 쪽에서도 모든 훈련을 다 파악하고 있는 것은 아니었다. 게다가 우에다에 의하면 하문이 내려지는 것은 '대체로 밤늦은 시각, 미코시에 드시기 전'이었으므로 담당자가 해군성에 남아 있을 가능성은 극히 적다. 결국 그날 운 나쁜 해군성 숙직 담당자가 답을 구하기 위해서 사방팔방으로 전화를 하며 답을 구해야 하는 것이다.

수많은 질문 중에는 그 의도가 파악되지 않는 경우도 있었다.

육군 연대장 이름이 문제가 된 적이 있습니다. 갑자기 오구라小倉의 제12사단의 무슨 연대의 연대장은 누구냐는 하문이 있었습니다.

_《담화기록집성》제6권

물론 시종무관 정도 되면 육군의 명부 정도는 갖고 있다. 하지만 소속 연대에서 타 기관으로 전향하는 경우도 많아서 정보가 최신의 것이 아닌 경우가 있었다. 어떤 때는 천황이 새로 측근이 된 사람의 인성을 알아보기 위해 명부가 정확하지 않다는 것을 뻔히 알면서도 일부러 질문하는 경우가 있었다. 그럴 때 갖고 있는 명부를 그대로 보고하면 안 되고 바로바로 육군성에 전화를 해서 확인해야 했다.

나이기에 공사 구별은 없다

질문 중에 가장 많았던 것이 "어디까지 몇 시간 걸리냐" "어디까지 거리는 얼마나 되냐"와 같은 것들이었다. 시종 무관이었던 마쓰무라 다쓰오松村龍雄도 그런 질문을 자주 받았다.

어디에서부터 어디까지는 몇 리나 되나, 또 어디서부터 어디까지 무슨 군함으로 가면 며칠 걸리나, 무슨 군함의 승무원은 어느 정도 되나, 라는 식으로 하문하셨습니다.

_《담화기록집성》제5권

'왜 그것을 알고 싶은가' 하고 질문의 의도를 추측해보려고 해도 그렇게 추측하는 자체가 무의미하다. 천황은 아무런 이유 없이 그저 거리나 시간을 알고 싶은 것뿐이었다. 시종과 같은 측근들은 그런 사실을 잘 알고 있었기 때문에 괜찮지만, 그 외의 사람들은 한밤중에 갑자기 그런 질문을 받는다면 납득이 잘 가지 않았을 것이다. 그쪽에서 "전하께서는 왜 그런 것을 아시고 싶은 것입니까"라는 질문을 해도 이쪽에서는 "이유는 특별히 없으십니다"라고 대답할 수밖에 없다. 시종 무관들 역시 곤란을 겪었을 것이다.

이와 같이 시종무관들은 천황의 갑작스런 질문에 악전고투했다는 이야기들을 하는데 그와 같이 일했던 시종으로부터는 고생했다는 이야기가 나오지 않는다. 천황이 야간에 하는 질문은 시종무관보다도 시종들에게 더 했을 텐데 말이다.

천황의 생활에는 기본적으로 공사의 구별이 없다. 그 천황을 보좌하는 시종들 또한 공사 구별 없이 평생 천황을 보좌해야 했다. 그런 식으로 궁정 생활을 계속하고 있으면 타인의 프라이버시에 대해서는 무관심해지는 것이 당연하다. 그러므로 시종들은 천황이 근무 시간이 아닌 때 간혹 한밤중에 깨워서 질문을 하더라도 별다른 거부감이 없었던 것이다.

그에 비해 시종무관들은 오랫동안 공사 구별이 엄격한 군대 생활을 한 사람들이다. 그러니 천황의 명령 때문이라고는 하지만 근무 시간 외에 난데없이 전화해서 상대방이 곤혹스

러울 줄 뻔히 알면서도 별 의미도 없는 질문을 해야 하는 것
은 고통 그 자체였을 것이다.

　익숙하지 않으면 궁정 생활은 매우 고달픈 것이다.

안마사와 침술사의 잦은 등장

천황의 질문에 답을 구하기 위해 시종무관이 여기저기 전화를 해대며 눈물겨운 고투를 하고 있는 동안에 천황은 나이기에서 안마를 받으며 심신의 피로를 풀고 있었다.

메이지 천황이 의사를 몹시 싫어했다는 사실은 유명한 이야기로, 시종이었던 히노니시 스케히로에 의하면 감기에 걸려도 좀처럼 약을 먹지 않아서 주위를 걱정시킬 정도였다고 한다.

전하께서 의사란 존재 자체를 싫어하셨다는 사실에 대해서는 누구나 동의하는 바입니다. 감기에 걸리셔도 생강차나 유자차를 드셨습니다. 그렇게 해서 나을 수 있는 데까지 참아보고 열이 높아져서 악화가 되면 그제야 시의를 부르셨습니다.

_《메이지 천황의 일상》

　용태가 악화된 뒤에야 시의에게 진찰을 받으므로 아무래도 성분이 강한 약을 먹을 수밖에 없다. 그러다 보면 부작용이 생겨서 더욱 의사를 싫어하게 된다. 그야말로 악순환이었다.

　천황은 특히 '눈과 치아'가 안 좋았다. 그 때문에 어깨 결림이 심했다고 한다. 목욕이라도 해서 혈액순환을 좋게 하면 좀 더 나아질 텐데 앞에서도 이야기했듯이 '청과 차'의 규칙으로 어깨까지 온몸을 따뜻한 물에 담그지 못한다.

　그래서 생각한 방법이 침과 안마였다. 시의료의 침과 안마 전문가는 주로 야밤에 나이기에 불려나오곤 했다. 메이지 38년(1905)부터 시의료 어용 담당으로 일한 침술사 후지키 쓰네테루藤木経輝는 '어깨 결림이나 치아의 통증으로 항상 안마나 침 치료'(《담화기록집성》 제3권)를 했다고 한다. 천황의 평소 건강을 책임진 것은 뛰어난 제국대학 의학부 교수가 아니라 솜씨 좋은 안마사와 침술사였던 것이다.

　이렇게 천황이 몸의 통증을 풀며 느긋하게 있는 동안 밤의 정적도 깊어져 나이기의 각 부처는 하루 일과를 마무리해갔다.

숙면을 방해하는 긴급한 진언

밤이 깊으면 천황도 잠을 잘 법한데 시종직 출사였던 소노 이케 긴유키는 어느 날 '배의 노를 젓고 계시는'(《메이지의 소성 4》) 모습을 목격했다. 여관이었던 야마카와 미치코에 의하면 특히 만년의 천황은 나이에 비해 취침 시간이 늦었다.

전하께서는 매일 밤 11시 30분에 미코시(취침)에 드셨습니다. 러일전쟁 전까지는 10시 30분이었다고 합니다만 전쟁 중에는 한밤중까지 진언이 있었기 때문에 늦게까지 주무시지 않게 되었고 그후부터는 그것이 습관이 되셨습니다.

_《여관》

궁중에서는 한 번 정례화되면 필요가 없어져도 지속된다. 러일전쟁을 계기로 용무가 없더라도 오후에 학문소에 출어하게 된 것처럼 미코시의 시간도 늦은 시각으로 고정된 것이다.

나이가 어느 정도 들었을 때는 취침 시간이 늦어져도 상관없지만 아직 그런 나이가 안 된 천황에게 늦게까지 깨어 있는 것은 괴로운 일이었다. 한 번 정해진 일은 반드시 지켜야 하므로 천황은 졸린 눈을 비벼가며 잠을 자지 않으려고 애썼다. 미코시 시간은 날에 따라서 15분 정도씩 차이가 있었는데, 이 책에서는 밤 11시 30분으로 하겠다.

밤 11시 30분, 드디어 기다리고 기다리던 시간이 되었다.

시계 소리가 울리면 바로 천황은 "미코시"라고 말한다. 여기서부터 그날의 마지막 말 전하기 게임이 시작된다. 바로 옆에 있던 여관이 "미코—시" 하고 받아서 외치면 그것이 명부와 여유로 신분의 단계를 따라 전달된다. 이윽고 밖에 도달한 전언은 아직 자고 있지 않은 측근들의 방을 돈다.

이 안의 미코시 말이 전달되어야 대선료, 시의료, 시종무관부, 시종직, 황후궁직의 측근들이 비로소 잠자리에 들 수 있었다.

_《궁정》

"미코—시"의 메아리가 사라지면 숙직의 시종직 출사들은 천황과 황후에게 인사를 하고 밖으로 돌아간다. 소년들은 항상 천황의 곁에 붙어 있기 때문에 궁전에서 일하는 시간이 제일 길다. 겨우 일에서 해방된 소년들은 곧바로 밖에 있는 숙직실로 향한다. 그리고 이불 속으로 들어가서 바로 잠에 곯아떨어진다.

한편 숙직하는 신하들에게 큰 걱정거리는 긴급하게 들어오는 진언이다. 러일전쟁 중에는 특히 한밤중에 진언이 많았다. 당시 시종직 출사였던 하세 노부하루初瀨信晴는 밤에도 편히 잠들 수가 없었다.

하세 우리 출사들도 불침번을 서는 사람이 있어서 밤중에 진언이 있으면 바로 나이기에 대령해야 했습니다. 양복을 입고 있을 때는 갈아입는 데 시간이 걸리므로 하카마를 머리맡에 두고 바로 입고 나갈 수 있도록 했습니다. 항상 긴장의 끈을 놓지 않고 있었습니다.

_《메이지 대제의 일상을 추억하다》

밤중에도 알현을 하고자 하는 자는 먼저 시종직에 신청을 해야 한다. 시종은 바로 시종직 출사를 깨워서 하카마를 입도록 하고 용건을 전달하도록 나이기로 보낸다. 제아무리 긴급한 상황이라도 안으로의 연락책은 시종직 출사가 맡는다.

소년들은 여관의 허락을 받아서 천황을 면회한다. 천황은 바로 잠옷에서 군복으로 갈아입고 소년들을 대동하고 밖 어좌소로 나온다. 천황이 밖 어좌소로 들어가면 그제야 알현을 희망하는 사람이 방으로 들어온다. 알현이 끝나면 천황은 안으로 돌아가는데 그후에도 소년들은 뒤처리를 해야 했다. 긴급 사태가 있으면 거의 잠을 잘 수가 없었다.

그런 번거로운 일이 일어나지 않기를 마음속으로 기도하면서 숙직 소년들은 잠자리에 든다.

취침 중에도 따라야 하는 규칙들

소년들이 물러간 나이기에서는 식사실 한쪽에 놓인 방석 위에 황후 하루코가 앉아서 그날의 마지막 담배를 피운다. 그러고 나서 황후는 융단 위에 무릎을 꿇고 천황에게 마지막 인사를 한다.

"평안하시옵소서."

부처의 대화는 아침에 한 것과 똑같은 말로 끝난다. 그리고 그 다음 날 아침에도 같은 말로 시작한다. 인사가 끝나면 천황과 침실을 같이 쓰지 않는 황후는 여관을 대동하고 자신의 구역으로 돌아간다.

나이시 두 사람을 대동하고(한 사람은 촛불을 들고 앞서서 간다)

미코시실(자신의 방)로 돌아와 화장을 다 지우고 머리를 풀어 늘어뜨린 다음 하얀 비단 잠옷으로 갈아입으시고 치리멘의 가는 끈으로 묶은 다음 하얀 비단 이불이 덮인 침대에서 미코시에 들어가십니다.

_《여관》

지금까지 봐온 것처럼 나이기의 주민들은 온종일 각종 규칙에 얽매여왔다. 잠잘 때만큼은 아무 근심 걱정 없이 푹 자고 싶을 텐데 그렇게 되지 않는 것이 또 나이기이다. 여기에서 다시 등장하는 것이 '청'과 '차'의 문제이다.

몸에서 가장 더러운 발이 이불에 직접 닿으면 이불을 타고 더러움이 온몸에 퍼진다. 그것을 방지하기 위해서 나이기의 잠옷에는 특수한 장치가 되어 있었다. "옷의 끝자락을 길게 해서 발을 감쌌다"고 하므로 발이 이불에 닿지 않도록 하얀 비단 잠옷으로 크레이프처럼 온몸을 싸도록 만든 것이다. 천황 부처와 여관들 모두 그런 잠옷을 사용했다고 한다.

그런데 만일 잠버릇이 나빠서 자고 있는 동안에 발이 옷자락 밖으로 삐져나오는 일이 있으면 어쩌나 하고 걱정 아닌 걱정을 하게 된다. 그러나 야마카와는 "잠들고 나서는 어떻게 되든 상관없으므로 아예 신경 쓰지 않는 것이 오히려 마음 편하지요"라고 하니 이 부분에서는 적당주의로 일관한다.

그 특이하게 생긴 잠옷을 입고 잠든 여관들이 가장 두려워한 것은 지진이었다. 일단 지진이 나면 황후는 여관을 데리고 천황의 침실까지 안부를 여쭈러 가지 않으면 안 되었다. 가는 것은 황후만이 아니었다. 각자 방으로 물러갔던 여관들까지 같이 가야 하는 것이다. 아무리 긴급사태라고 해도 잠옷을 입은 채 천황 앞에 나갈 수는 없다. 재빠르게 옷을 갈아입고 남보다 조금이라도 빨리 도착하기 위해서 복도를 서둘러 달려 나가야 하는 것이다.

그런데 천황 쪽에서도 이들의 '인사'에 일일이 응대를 해야 하니 참으로 힘든 노릇이다. 모든 사람한테 인사를 다 받기 전에는 졸려도 잠을 잘 수가 없는 것이다. 특히 겨울철에는 한시라도 빨리 이불 속으로 다시 들어가고 싶었을 것이다. 하지만 천황은 아직 도착하지 않은 여관들이 있으면 추위에 오돌오돌 떨면서도 인사를 기다리지 않으면 안 되었다. 사실 안의 규칙은 천황한테 오히려 더 가혹한 면이 있었다.

이와 같이 번거롭고 힘든 일이 일어나지 않기를 간절히 바라면서 여관들은 잠자리에 들었다. 흰 눈처럼 새하얀 두 발이 옷자락 밖으로 나오는 일이 없기를 기도하면서 말이다.

천황의 밤

  황후가 물러간 나이기에서는 천황이 자리에서 일어나 그날 밤 숙직인 두 명의 권전시와 한 명의 권장시를 대동하고 옷방으로 들어간다.

  천황은 흰색 비단 잠옷으로 갈아입는다. 침실인 미코시실에 동행할 수 있는 사람은 권전시 한 명뿐으로 나머지 두 사람은 그대로 옷방에서 잔다. 동행한 권전시는 천황의 침대 한쪽에서 자도록 되어 있는데 물론 항상 정해진 그대로는 아니었을 것이다. 침실에서 동침하는 권전시는 매일 교대하며 한 사람이 천황을 독점할 수 없도록 되어 있었다. 권전시는 천황이 나이기에 있는 동안 온종일 그 옆을 떠나는 일이 없다. 또한 권전시는 나이기에서 밖으로 나가는 일이 없기 때문에 안

색은 항상 창백하였다.

그렇게 조용히 지내는 권전시가 단 한 번 세상의 주목을 받은 적이 있다. 메이지 28년(1895) 3월, 청일전쟁 중이라서 히로시마 대학 내에 설치된 진영에 천황이 체재 중이었는데 황후 하루코가 권전시 두 명을 대동하고 천황을 방문한 것이다.

"황후마마께서 측실 두 명과 함께 히로시마에 나타났다!"

세상 사람들이 놀랄 만한 대사건이었다. 정처와 측실이 서로 돕는 '아름다운 모습'에 세상의 뭇남성들은 모두 감탄했다. 하지만 이렇게 세상의 관심을 불러일으킨 황후와 권전시의 히로시마 방문의 속사정은 그렇게 아름다운 것만은 아니었다.

애당초 이 방문은 황후 쪽에서 하고자 한 것이 아니라 천황을 수행하는 시종들 쪽에서 원한 것이다. 시종들은 통상적으로 수행해야 하는 업무 외에도 여관들이 해야 하는 일까지 떠맡아서 하는 생활에 지쳤다. 익숙하지도 않고 이해할 수도 없는 온갖 규칙에 얽매인 천황의 일상생활이 그대로 유지되도록 날마다 되풀이되는 일들에 지쳐버린 것이다.

황후께서 납시면 그쪽으로 가실 테니 우리는 쉴 수 있게 되겠지요.

_《메이지 천황의 일상》

그들이 천황 신변에서 들어야 하는 자잘한 시중에서 해방되기 위해서는 황후보다도 오히려 권전시 쪽을 더 필요로 했다. 나이기에서의 천황 신변의 시중은 모두 권전시 담당이었다. 만일 그들이 없으면 천황은 식사나 옷 입는 일은 물론이고 목욕하는 것조차도 제대로 할 수가 없었다.

안의 엄격한 신분제도하에서는 신분이 아래인 자가 권전시 일을 대신 담당할 수 없다. 그렇다고 그 일을 황후가 대신 할 수 있느냐 하면 그것은 더욱 있을 수 없는 일이다. 시종들이 원하는 상황이 되려면 그 누구보다도 권전시가 히로시마로 와야 했던 것이다.

그러한 사정은 황후도 충분히 알고 있었다. 이때의 황후 하루코의 기분을 오늘날의 기준으로 표현하자면 '참 딱하다'라고 할 수 있는데, 그것 또한 어디까지나 우리 입장에서의 이야기다. 그들은 우리와는 전혀 다른 사회 질서 속에서 살고 있었다. 이렇게 해서 황후는 권전시 두 명과 그 외의 여관 아홉 명을 대동하고 히로시마를 방문했다.

우리가 생각하기에 그 정도 인원이면 천황 한 사람 시중을 드는 데는 충분할 것이라고 할지 모른다. 하지만 궁중에서는 자기가 맡은 일 이외에 다른 일은 절대 못 한다. 나이기의 복잡한 규칙을 지키면서 생활을 유지하기 위해서는 이 정도 인원만으로는 턱없이 부족했다. 특히 권전시가 가진 부담은 매우 컸다.

　지금까지도 몇 번 이야기한 것처럼 천황은 이전의 규칙을 지키는 것이 신하에게 부담을 준다고 판단하면 본인 스스로가 참고 넘어가는 식의 행동을 취해왔다. 아니나 다를까 천황은 이번에도 한 달 동안 임시 나이기를 방문하는 일이 없었다. 완전히 예상이 빗나간 히노니시는 "두 손 들었다"라고 본심을 이야기한다.

　그후 시종들의 필사적인 설득으로 겨우 천황은 황후의 거처를 방문했다. 여관의 숫자가 적더라도 그런대로 이전 생활을 유지하는 데 무리가 없다는 것을 알게 되자 천황은 그후로 임시 나이기에서 생활하게 되었다.

　시종들이 얼마나 곤혹스러운지 그 누구보다도 잘 알고 있던 사람은 다름 아닌 천황이었다. 히노니시를 포함한 시종들은 "그것으로 겨우 안심이 되었습니다"라며 두 다리 쭉 펴고 잘 수가 있었다고 한다.

　이렇게 권전시는 항상 천황를 수행하는 특별한 존재였는데 특히 중요한 것은 천황의 '비妃'로서의 역할이었다. 나이기의 중심인 미코시실은 창문 하나 없이 낮에도 해가 들지 않는다. 특히 밤에는 촛불이라도 켜지 않으면 아무것도 보이지 않는다.

　천장에는 부드러운 빛에 비친 천황과 권전시의 모습이 보인다.

　권전시가 흰색 단자의 덮개를 열면 천황은 흰색 비단으로
된 침구 속으로 들어가 누웠다.

귀신이 지배하는 시간

　천황의 '안 미코시'라는 전갈을 받고 각 부서의 불이 차례
차례 꺼지면서 메이지 궁전은 황거의 어두운 숲 속으로 녹아
들어갔다. 올빼미 울음소리가 울려 퍼지는 숲 속에서 불침번
서는 병사만이 깨어 있었는데 순찰을 돌다가 두꺼비를 밟는
일이 가끔 있었다고 한다. 이때 겁 많은 사람은 공포로 비명
을 질렀다고 한다.

　옛날 에도성 때부터 이어져 내려오는 기묘한 기운이 메이
지 궁전 주위에도 감돌았는데 그것을 둘러싼 유령이나 귀신
에 대한 소문이 끊임없이 떠돌았다. 특히 황거의 숲에는 여우
에 대한 괴담들이 많았다. 그래서 사인들은 주문 같은 것을
외우기까지 했다고 한다.

메이지부터 다이쇼 말기까지는 여우가 좋아하는 유부를 세 장 정도 대나무 껍질에 싸서 매일 밤마다 잊지 않고 모미지야마 산 입구에 놓아두었다고 한다.

_《궁정》

하지만 그렇게 바친 유부가 별 효과가 없던 것인지 아니면 바친 유부가 도리어 여우를 불러들인 것인지 그후에도 괴소 문은 좀처럼 없어지지 않았다.

그렇게 음산한 분위기의 황거 숲 속에 둘러싸인 궁전 중에 서 가장 무서운 곳이 나이기 주변이었다. 시종직 출사 소년들 은 특히 밖과 안을 연결하는 긴 복도를 제일 무서워했다.

보조 우리들은 밤마다 밖에서 안으로 갈 때 복도가 길어서 무서 웠는데 창문이 열려 있으면 고양이가 들어와서 따뜻한 각등 위 에 앉아 있다가 갑자기 달려드는 일이 있었습니다.

하세 나이기까지 200미터 정도나 되는 긴 복도가 있어서 매우 무서웠습니다.

보조 마지막은 뛰어서 오곤 했습니다.

_《메이지 대제의 일상을 추억하다》

그리고 측근자 좌담회에서도 간로지 우케나가가 "계단 아래에 있는 방에서 귀신이 나온다는 소문이 있었다"라고 하니 호즈미 히데코가 "정말 그랬어요" 하고 머리를 끄덕였다.

소문이 아니라 실제로 유령을 봤다는 사람까지 있다. 야마카와 미치코는 방에서 자고 있을 때 유령을 여러 번 봤다고 증언한다. 그 사실을 야마카와가 같은 방을 쓰는 히노니시 요시코에게 말하자 히노니시도 두 번이나 봤다고 말했다고 한다. 두 사람이 본 것은 '흰옷을 입은 여자'였다. 여자 유령은 방 여기저기 돌아다니다가 병풍 사이로 빠져나갔다. 소란을 피우는 것도 아니고 무슨 소리를 내는 것도 아니고 쓱 지나간 것이 오히려 더 섬뜩하다.

"두 사람이 똑같은 꿈을 꿨다는 것도 이상하지 않아요?"라는 식의 결론에 도달해 히노니시가 그방의 고참인 야나기와라 아이코에게 상의하자, 그 다음 날 야마카와는 히노니시로부터 이제 안심해도 되겠다는 말을 들었다고 한다.

그 이야기를 하자 순간 얼굴색이 싹 변하셨습니다. 그리고 바로 대배를 시켜서 기도를 올리도록 할 테니 앞으로는 괜찮을 거라고 말씀하셨습니다.

_《여관》

야나기와라는 묘령의 '여자'에 대해서 짚이는 데가 있었던

것이다. 야나기와라가 '야나기지마柳島 섬에 있는 다에미妙見'
라는 절에 기도를 올리도록 하여 그후에는 여자 귀신이 나타
나지 않았다고 한다. 그 절에는 도대체 누구의 묘가 있었던
것일까. 나이기라는 특수한 세계 속에서 차기 천황을 낳은 야
나기와라에게 시기하는 자가 있었다고 해도 전혀 이상한 일
이 아니다. 더구나 경쟁자인 권전시끼리는 더욱 그랬다. 매우
흥미로운 이야기인데 아쉽게도 야마카와는 더 이상 자세한
이야기는 해주지 않는다.

오전 1시, 나이기의 어둠 속에서 갑자기 세 개의 빛이 나타
나 움직이기 시작한다. 그와 동시에 높은 음정의 여자 목소리
가 주변에 메아리친다.

"불조—심, 불조—심"

불침번을 서는 여유 세 사람이 도는 순찰이다. 그들은 여관
의 숙소 안도 순회하며 불조심을 하도록 한다. "수고가 많으
십니다"라고 답하는 소리도 들린다.

이 의식이 끝나면 메이지 궁전은 완전히 정적이 지배하는
세계가 된다.

이렇게 해서 메이지 궁전의 길고 긴 하루는 끝이 난다.

변모하는 황실

7

다이쇼 시대에 시작된 일부일처제

　이 책의 주인공인 메이지 천황은 메이지 45년(1912) 7월 30일, 60세로 붕어했다. 서양 문물을 도입하는 한편 이전부터 내려온 전통을 굳건히 지키고자 한 군주가 세상을 떠난 뒤 궁전이나 천황들의 일상생활은 어떻게 바뀌었을까.

　황위를 물려받은 다이쇼 천황은 즉위 후에 바로 메이지 궁전으로 들어가지 않고 한동안 황태자 시절을 보낸 아오야마 어소에서 통근했다. 황태후 하루코의 이사나 개축 공사 때문에 시간을 끈 것도 있지만 꽉 짜인 생활을 어떻게든 뒤로 미뤄보려는 천황의 의도도 있었다.

　여관인 야마카와 미치코는 "지금까지 촛불을 켰던 궁성도 전부 전등으로 바뀌고 난방도 모두 스팀으로 바뀌었습니다"

《《여관》》라고 개축 모습을 전하고 있다. 그을음으로 새까맣게 된 장지문을 바꾸니 나이기는 몰라볼 정도로 환해졌다. 또한 메이지 천황 때는 1층만 사용하던 학문소를 1층 밖 어좌소를 알현용으로 하고 그동안 사용하지 않던 2층을 '밖 휴게소'로 하여 정무나 휴식용으로 정비했다.

즉위 후 1년이 지나서 다이쇼 천황 부처는 메이지 궁전으로 이사했다.

다이쇼 시대의 나이기는 메이지 시대에 비해 크게 달라진 점이 있었다. 그것은 실질적으로 일부일처제가 된 것이다. 표면적으로는 메이지 시대와 마찬가지로 궁정에 황후 사다코의 '대리인'인 공가의 미혼의 딸들이 재적하고 있었지만 실제적으로 '비妃(후궁)'로서의 역할은 없었다.

다이쇼 천황의 시종이었던 가와바타 사네히데에 의하면 천황의 하루는 조금 일찍 시작되었다.

매일 아침 기상 시간은 7시였습니다. 옷을 갈아입기 전에 양치질을 하시고 사복으로 갈아입으신 후에 아침 식사를 드십니다. 아심 식사 메뉴는 우유와 계란, 거기에 누룽지로 만든 죽을 드셨습니다. 이런 조합은 매우 특이하다고 할 수 있는데요, 그리고 나서 빵을 또 드셨습니다. 그 정도 드시고 아침을 많이 드시지는 않았습니다.

기상은 6시 30분이라는 증언도 있지만 어쨌든 메이지 천황의 8시 기상보다는 빨라졌다고 할 수 있다. 기상 이후의 말 전하기 게임은 이전 그대로였다. 아침 식사인 죽은 '오유노코ぉ湯の子'라고 불렸는데 다이쇼 천황을 위해서 소화에 좋은 것이 선택되었다.

그러고 나서 천황은 카키색 육군 군복을 착용한 다음 학문소에 출어했다. 오전 중에는 알현이 많아서 주로 1층의 밖 어좌소에서 보냈는데 알현이 없는 때는 2층에서 집무를 보았다. 오전의 집무는 12시까지로 메이지 시대보다 빨리 끝났다.

다이쇼 궁정에서는 항상 천황의 옆에서 보좌하던 시종직 출사가 사라졌다. 실질적인 일부일처제로 바뀌었기 때문에 다이쇼 시대의 나이기는 천황 부처의 가정집이 된 것이다. 그래서 나이기가 천황의 비가 사는 후궁이기 때문에 필요했던 연락책 업무는 시종이나 내사인으로 바뀌어 담당하게 되었다.

소년들을 제외하고는 남성 금지로 일관하던 안에 시종이나 성인 남자가 출입하게 된 것은 크나큰 변화였다. 구식의 여관들이 어떻게 이 변화를 받아들일 수 있었을까? 시종은 남자이기는 했지만 대부분이 시종직 출사였거나 소년 때부터 알고 지내던 사람들이었기 때문에 거부감은 없었다.

궁정에서 시종직 출사가 없어지고 새로 등장한 것이 '학우'라고 불리는 소년들이었다. 이 제도는 어린 나이 때부터 궁정 내에서 현장 교육을 시키며 측근을 양성한다는 이전 제도의 변칙형이라고 할 수 있다. 소년들의 교육을 담당하는 것은 메이지 천황에게 단련을 받으며 자란 이전의 시종직 출사들이었다. 그들은 자신들이 받아온 교육을 황자와 함께 소년들에게 실시함으로써 차기 천황과 그 시종을 동시에 양성했다.

이렇게 해서 자란 학우들은 천황 일가에 은혜를 입은 것이 되므로 '놀이터'에서 '무덤'까지 평생 천황가를 위해 봉사한다. 아울러 이전의 시종직 출사도 시종이 되어 다른 곳으로 가지 않고 궁전에 남아 새로운 천황을 보좌했다. 붕어한 메이지 천황은 스스로 교육한 '자식'들을 통해서 다이쇼 시대에 살아남았다고 할 수 있다.

같은 테이블에 마주 앉은 다이쇼 천황 부처

다이쇼 천황의 점심 식사는 양식이었다. 물론 갖가지 규칙에 따른 여관들의 시중을 받으며 식사를 하는 것이고 그후에는 밖으로 출어한다.

오후 1시경에는 모닝코트로 갈아입으시고 밖 2층에 있는 서재로 가시어 와카나 시를 짓기도 하고 책을 쓰시기도 하면서 자신만의 시간을 보내셨습니다.

_《궁정 생활》

메이지 천황은 가령 한밤중이라도 밖에 출어할 때는 군복으로 갈아입었다. 다이쇼 천황이 입은 모닝코트는 궁정의 드레스 코드로 보면 일상복에 속한 것이었지만 오후에 산책할 것을 미리 생각해서 입은 것이다.

산책은 다이쇼 천황의 건강을 위해서 하루 일과 속에 정식으로 넣었다. 일찍이 메이지 천황은 아랫사람들의 일을 방해하지 않기 위해서 산책을 자진 규제했지만 다이쇼 천황은 그와는 달랐다. 즉위한 직후에 사인이었던 오가와 가네오는 궁내성으로부터 다음과 같은 훈사를 받았다고 한다.

전하는 누구한테도 쉽게 말을 거시는 성격이시니 사인은 절대로 전하 앞에 모습을 보여서는 안 된다.

_《궁정》

황태자 시절과 마찬가지로 누구와도 격의 없이 지내려고 한 다이쇼 천황의 행동은 신하에게는 큰 충격이었다. 그런 다이쇼 천황의 행동은 현대의 우리 감각으로는 오히려 호감이 가는 유형인데 신분의 '구분'이 엄격한 궁중에서는 절대 허용되는 일이 아니었다.

여기서 다시 다이쇼 천황의 하루로 돌아가보자. 산책에서 돌아온 천황은 목욕을 한 다음 센다이히라 옷감으로 만든 하카마라는 일본 전통 옷으로 갈아입는다. 하카마는 다이쇼 천황이 특히 좋아한 옷차림이었다. 저녁 식사 때는 메이지 천황 부처가 각각 다른 테이블에 앉아서 식사를 한 것과 달리 다이쇼 천황 부처는 하나의 테이블에 마주 앉아서 식사를 했다.

식사 때 시종이나 여관이 배식하는 것도 메이지 천황 때와는 크게 달라진 점이다. 이전의 '하사 음식'과 달리 한 사람에 1인분씩 하사되는 '오시타타메お認'라고 불리는 것이었으며 '동반'의 의미를 가졌다. 하지만 융단 위에 앉아서 '팔꿈치를 무릎 위에 올려 놓고 거의 절을 하는 자세'로 먹어야 하는 궁중의 규칙을 지키지 않으면 안 되었다. 또한 천황의 앞을 지나갈 때는 여전히 머리를 숙여야 했다.

저녁 식사 후에 천황은 당구 같은 것을 즐기고 취침은 밤 10시부터 11시 사이였다. "매일 규칙적인 생활을 하셨습니다"(《궁정 생활》)라고 하니 다이쇼 천황도 기본적으로는 궁중의 시계와 같은 생활을 하였던 것으로 볼 수 있다.

거기에 다이쇼 천황은 한 가지 더 중요한 역할이 있었다. 천황의 시대사를 한 획으로 하는 '국가의 시계'로서의 역할이다. 같은 천황 때에 연호가 몇 번이나 바뀌는 일이 있었는데 메이지 시대 이후에는 한 천황에 한 연호가 정해졌다. 그런 의미에서 메이지 천황은 국가의 시계 역할도 했다고 할 수 있는데, 그러한 감각이 현실적으로 국민 사이에 생긴 것은 다이쇼 개원 때였다. 사람들은 다이쇼 개원으로 이전의 연월을 하나의 시대로 생각하게 되었다. 그것은 지금의 일본인이 쇼와

라는 시대를 새롭게 자각하는 것과 비슷한 감각이다.

갖가지 무거운 책임을 진 천황은 과도하게 짜인 스케줄 때문에 점차 몸이 쇠약해졌다. 다이쇼 천황이 메이지 궁전에서 지낸 시간은 아주 짧다. 천황의 일상은 요양을 위한 저택으로 옮겨지고 정무政務를 스무 살의 황태자, 쇼와 천황에게 넘겨준다.

하야마葉山 저택에서의 투병생활을 보좌한 사인 오가와 가네오는 운동을 위해 온몸의 힘을 다해서 복도를 걷고 있는 천황의 모습을 목격한다. 천황은 걸으면서 군가를 부르고 있었다.

그 군가는 항상 〈길은 6백 8십 리〉였는데 건망증에 걸리셔서 "길은 6백 8십 리, 나가토의…" 부분까지만 부르시고 그 다음은 도저히 기억이 안 나시는 모양이었다. 결국은 "길은 6백 8십 리, 나가토의…" 부분을 반복해 부르신다.

_《궁정》

이 노래는 천황이 황태자 시절에 황후인 사다코의 피아노 반주로 온 가족이 다 같이 부른 추억의 노래였다. 가사는 그 다음에 이런 식으로 이어진다.

나가토 포구에서 배를 띄워 나온 지 벌써 2년째 고향 산을 저

멀리 바라보면 뿌옇게 흐린 타지의 하늘 맑은 날 없는 해 뜨는 나라. 그 나라를 위해서라 생각하면 이슬보다 더 허망한 목숨 여기가 이 한 몸 바칠 곳 몸에는 총칼의 상처투성이.

_작사 이시구로 고헤이石黑行平, **작곡** 나가이 겐시永井建子

고독한 천황의 옆에 항상 붙어 있는 것이 있었다. 애완용 구관조이다. 구관조는 한 소절을 완전히 외워 천황 흉내를 내서 여관을 놀라게 했다고 한다.

"길은 6백 8십 리, 길은 6백 8십 리."

조용한 오후에 인기척 없는 하야마 저택에서 복도를 바라보며 새장 안 구관조는 계속 노래를 부르고 있었다.

쇼와 시대의 개혁

쇼와 3년(1928) 9월 14일, 이날은 쇼와 천황이 메이지 궁전으로 이전하는 특별한 날이다. 궁전에 들어간 두 사람을 기다리고 있던 것은 이전과는 전혀 달라진 나이기였다.

쇼와 시대의 나이기가 지금까지와 비교해 크게 달라진 점은 두 가지였다. 한 가지는 완전한 일부일처제가 확립된 것이고, 두 번째는 여관 제도의 개혁이 극적으로 이루어졌다는 점이다. 이미 다이쇼 시대의 나이기는 '실질적'인 일부일처제였는데 쇼와 천황은 그것을 보다 '완전하게' 하고자 했다.

새로운 나이기의 인원은 여관장(여관의 총관리 역할) 한 명, 여관(나이기의 사무 전반) 여섯 명, 여유(나이기의 잡무 전반) 여섯 명으로 매우 간소했다. 참고로 같은 시기의 황태후(다이쇼 천황의 황후 사다코) 직 여관의 정원은 이 책에 등장한 것으로 권명부 이상이 서른다섯 명, 여유 이상의 여관이 서른네 명이었다. 천황 부처를 보필하는 여관이 열세 명밖에 되지 않았는데 황태후 한 명에게 예순아홉 명이나 되는 많은 수의 여관이 필요했던 것이다. 나이기의 대대적인 인원 삭감이 그저 놀라울 뿐이다.

또한 근무 체제도 이전의 미혼 여성이 평생 봉사하는 체제에서 기혼자나 미망인을 채용하여 통근하는 형태로 바뀌었다. 황후의 '대기인(대리인)'의 의미는 이것으로 완전히 없어진 것이다.

쇼와 천황의 대대적인 개혁은 황족 구니노미야 나가코와의 결혼에서 단적으로 나타난다. 근세부터 다이쇼 천황까지는 다섯 섭정가에서 황후나 중궁을 맞이하는 것이 통례였다. 가문의 격에 차이는 있더라도 기본적으로 황후와 권전시는 같은 공가의 딸들이었다. 그래서 권전시는 황후의 대리인이 될 수 있었던 것이다.

쇼와 천황의 결혼이 그때까지의 결혼과 크게 달라진 것은 상대가 황족이라는 점이다. 그렇게 되면 공가 출신인 황후의 대리인과는 신분상의 차이가 생긴다. 쇼와 천황은 그때까지의 신분제도를 역으로 이용해서 권전시를 추방한 셈이다.

황족 결혼 형태의 분기점을 이야기할 때 아키히토 천황과 미치코美智子 황후의 결혼 형태를 드는 경우가 많다. 하지만 이상에서 보듯이 쇼와 천황과 나가코良子 황후의 결혼이 훨씬 큰 분기점이라고 할 수 있다.

물론 이 새로운 체제가 아무 문제없이 받아들여진 것은 아니었다. 두 손 들고 반대한 것은 다름 아닌 천황의 어머니 황태후 사다코節子였다. 황태후는 이전의 규칙을 주장하여 두 가지 규칙을 혼용하는 일은 없었다.

그 결과 황태후에 대해서는 이전과 같은 여관 제도를 그대로 두기로 결정하였다. 이름 하나 부르는 데도 신체제인 메이지 궁전의 여관은 본명, 오미야大宮 어소(황태후의 어소)의 여관은 겐지이름源氏名(헤이안 시대에 만들어진《겐지 이야기》각 권에서 따온 이름)으로 불려서 양쪽을 왔다갔다하는 궁내성 직원들은 그 두 가지를 구분하는 데 골머리를 앓아야 했다.

그리고 여관 채용에 있어서도 이전처럼 공가 출신자에게만 제한을 두지 않고 구 다이묘가, 훈공가에까지 범위를 넓혔다. 하지만 화족 출신자가 채용된다는 점에서는 가문에 의한 '구별'이 완전히 사라진 것은 아니었다.

쇼와 3년 9월 14일로 돌아가보자. 쇼와 천황을 맞이하기 위해서 궁전은 서양풍으로 개조되었다. 학문소는 방의 칸막이를 제거하고 1층과 2층 모두 방 두 개로 개조했으며 다다미도 들어내고 마룻바닥으로 바꾸었다. 그때까지 장지문과 덧문밖

에 없었던 나이기도 유리 창문으로 탈바꿈하고 그 일부는 신축했다. 쇼와 천황의 학우이며 오랫동안 시종으로 일한 나가즈미 도라히코의《쇼와 천황과 나昭和天皇と私》에 의하면 부처는 침실에서 보통의 침대를 사용했다고 한다. 헤이안 시대의 조다이부터 이어져 내려온 덮개 있는 침대는 여기에서 모습을 감추었다.

쇼와 천황의 평범한 하루를 간단하게 살펴보도록 하자.

쇼와 시대 초기의 나이기에 대해서는 당시 시종차장이었던 가와이 야하치가 여관의 일을 정리한 메모(《쇼와 초기의 천황과 궁중昭和初期の天皇と宮中》제6권)를 통해서 폐쇄된 생활을 엿볼 수 있다.

부처의 기상은 아침 7시 30분 전후였다. 대체로 황후가 먼저 일어나고 간편한 옷차림으로 갈아입은 후 천황을 깨운다. 이 책에서 서술한 천황의 기상을 알리는 '오히—루'의 말 전하기 게임은 이제 없다. 이 시기가 되면 안에서도 전화나 벨을 사용할 수 있어서 말 전하기 게임의 필요성이 없어진 것이다. 길고 긴 '화장' 의식도 없으며 천황 부처는 옷을 갈아입고 세수와 몸치장을 스스로 하지 않으면 안 된다. 여관은 천황 부처의 몸차림을 보조하면서 침실 정리를 하는 정도이다.

나이기의 숙직은 여관 두 명, 여유 두 명이 하게 되고, 아침 식사는 단 한 명의 여관만이 상차림을 담당한다.

아침 식사가 끝나면 전화로 밖으로 전달되어 숙직한 고등
관이 나이기에 인사하러 온다. 천황 부처의 가정집이 된 나이
기에 남성 고등관이 출입하는 것은 이제 자연스러운 일이 되
었다. 그후 천황은 군복으로 갈아입고 학문소로 출어한다.

천황 부처의 가정집이 된 나이기

오전 9시, 천황은 손수 닭 그림의 삼나무 문을 열고 학문소로 향한다. 도착하면 곧바로 2층의 집무실로 가는데 2층은 각각 16조(약 8평 정도의 넓이) 정도의 크기의 두 개의 방으로 되어 있으며 두 방 모두에 회색빛 융단이 깔려 있고 복도 쪽은 유리창으로 되어 있다.

집무실 안쪽에는 벽난로가 설치되어 그 앞에 나무로 틀이 짜인 큰 가죽 책상이 집무용으로 놓여 있다. 의자도 가죽으로 되어 있으며 등 쪽에는 국화 문장이 금박으로 찍혀 있다. 옆에는 옥새가 놓인 받침대가 있어서 이 소박한 방이 천황의 집무실임을 나타낸다. 발 디딜 틈이 없을 정도로 빽빽하게 물건이 놓여 있던 메이지 천황의 집무실과는 달리 지극히 심플한 방이다.

2층의 다른 방 하나는 서재로 되어 있다. 벽 한 면에 꽉 차게 책꽂이가 자리 잡은 이 방은 생물학자인 천황의 연구실이기도 했다. 쇼와 11년(1936)부터 21년(1946)까지 시종이었던 오카베 나가아키라에 의하면 천황은 잠시라도 짬이 나면 이 방의 책상 앞에 앉아 있었다.

서재에는 아카사카 이궁(황태자 시절의 거주지)에 있을 당시 애용했던 하얀 페인트칠의 작은 책상과 생물학 카드를 넣은 평범한 서랍장이 있었습니다. 책상과 같은 모양의 흰색 작은 의자에 앉아서 생물학 책을 펼쳐보시는 일이 많았습니다.

_《어느 시종의 회상기 ある侍從の回想記》

천황이 잠시 휴식을 취한 것을 보고 시종장과 황후궁 대부 大夫, 시의두侍醫頭가 아침 인사를 하기 위해 다 같이 집무실로 들어온다. 이전과 같이 매일 아침 모든 사람이 모여서 대면하는 의식은 없어졌다. 세 사람이 방을 나가면 천황은 혼자서 일을 하기 시작한다. 나이기에서 이미 숙직 시종과 브리핑을 끝내고 온 참이라서 업무는 이미 머릿속에 숙지되어 있는 상태이다. 다른 시종들도 '장시관 후소'라고 불리는 대기소에서 각각의 업무를 보는 데 여념이 없다. 시종무관은 별도로 전용

방이 있어서 천황 출어 중에는 이 방에 대기하고 있는 경우가 많았다.

천황이 내대신과 궁내 대신, 시종들에게 용무가 있으면 직통의 전화나 벨을 이용해서 직접 연락을 한다. 참고로 전화나 벨은 천황으로부터 신하에게 일방통행이며 신하로부터 천황에게는 이전과 마찬가지로 방에 직접 와서 전하는 식이었다.

쇼와 시대에도 학문소 일의 중심은 역시 알현이었다. 알현 스케줄을 짜는 것은 내무관료 출신의 서무과장 일이다.

예를 들면 외무대신이 알현을 신청할 일이 생기면 내각 서기관으로부터 궁내성을 통하지 않고 직접 시종직 서무과장에게 전화를 걸어옵니다. 그러면 서무과장이 그때까지 짜인 예정 일람의 칠판을 보고 예정이 서로 겹치지 않도록 조정하여 서생부 실(상시관 후소)에 "오후 1시부터 외무대신의 알현이 있습니다"라는 전화를 합니다. 시종은 "알겠습니다" 하고 전화를 끊고 곧바로 어전에 나아가서 전하에게 아룁니다. "좋다"라는 허락이 떨어지면 그 말을 서무과장에게 전해 서무과장으로부터 내각서기관실로 다시 전달이 되어 알현 일정이 완료됩니다.

_《어느 시종의 회상기》

알현 허가를 받은 알현자는 궁전에 도착하면 참전자 휴게소로 가도록 안내받는다. 시종이 장시관 후소에 도착했다는 사실을 전화로 알리면 다른 시종이 천황을 2층에서 1층으로 대동하여 내려오고 천황이 입실하면 알현자가 방으로 안내된다.

학문소의 1층 부분은 두 개의 방으로 나뉘어져 있는데 정중앙의 칸막이가 제거되고 대신 금병풍이 놓여 있다. 방 안쪽 끝에 있는 벽난로를 등 지고 앉아 있는 천황과 금병풍을 뒤로 하는 상대와 마주보는 식으로 알현이 이루어진다.

이렇게 천황은 엄숙한 분위기 속에서 오전 공무를 수행한다.

천황 부처의 점심 식사는 12시. 아침 식사와 마찬가지로 점심 식사와 저녁 식사 모두 상차림은 여관 한 명이 한다. 오후 1시, 한 시간의 점심시간을 끝낸 천황은 다시 밖으로 향한다. 오후의 정무가 없을 때는 생물연구소로 향할 때도 있다.

오후 4시 천황은 간식 시간에 맞추어 밖에서 돌아와 잠시 휴식을 취한 후 다시 밖으로 향한다. 황후는 그후에 목욕을 하기도 한다. 참고로 가와이 메모에는 천황의 목욕에 관해 기재된 것이 없다. 다른 스케줄을 참고하여 유추해보면 저녁 식사 전후가 되지 않을까 하는데 매일 목욕한 것은 아니었던 것 같다.

부부만의 시간인 저녁 식사는 오후 6시 30분에 시작되는데, 매주 토요일에는 시종과 시종무관 그리고 여관들과 같이 식사를 하는 것이 일반적이었다. 신하들도 천황 부처와 같은 테이블에 앉아서 프랑스 요리를 먹으면서 대화를 즐겼다. 쇼와 천황은 술이나 담배를 좋아하지 않았다. 조부모나 양친에 비해 매우 엄격한 자기 절제의 생활 태도였다고 할 수 있다.

오후 10시 전후는 미코시(취침)의 시간이 된다. 쇼와 시대(재위1926~1989)가 되어도 미코시는 숙직자가 쉴 수 있는 시간대로 남아 있었다. 단, 그것을 관계 부서에 알리는 것은 전화로 바뀌었다. 그렇게 천황의 하루가 끝났다.

쇼와 천황도 메이지 천황처럼 시간 개념이 확실했으며 항상 예정 시간에 맞춰서 행동했다고 한다. 하지만 저녁 식사 후에 천황은 홀연히 학문소로 돌아가 숙직 시종들과 레슬링을 하며 시간을 보내기도 했다고 한다.

사라져가는 궁중 전통

다이쇼 시대의 학우 제도는 쇼와 시대에 들어와서도 그대로 기능하였다. 쇼와 천황의 교육 스태프는 메이지 천황에게 직접 단련된 자들이 교관으로 남고, 또 그들에게 교육을 받은 다이쇼 천황의 학우들도 계속해서 황실을 지탱하고 있었다.

참고로 현재 천황도 가쿠슈인 중등과에 진학하는 동시에 학문소에 들어가 쇼와 천황과 마찬가지로 특별 교육을 받을 예정이었다. 그런데 종전이 되어 그 계획이 취소되었다. 천황은 그후에 평범한 학생으로서 가쿠슈인에 다녔다. 말하자면 소인원의 학우를 선발하여 미래의 측근으로 특별 교육을 시키는 시스템과는 인연이 없었다. 즉, 그 먼 옛날에 헤이안 시대의 동자 전상童殿上(궁중의 법도를 배우도록 성인식 이전의 귀족 자제를 입궐시켜서 대전에서 일을 하게 한 제도)을 기초로 만들어진 궁정의 교육 시스템이 소멸한 것이다.

이 시기에 학우 출신이 아니면서도 시종이 될 수 있는 자격은 '다이묘 화족이나 공가 화족의 자제로, 가쿠슈인을 나와서 관립官立 대학을 나오는'(《어느 시종의 회상기》) 것이었다. 여관과 마찬가지로 여기에서도 가문에 의한 '구별'은 뿌리 깊게 남아 있었다고 할 수 있다.

더구나 이 상황은 내대신부, 시종무관부에도 남아 있었다. 이 시기에는 특히 화족 출신자의 비중이 증가하는데, 다른 이유가 아니라 궁내성의 급격한 합리화 정책 때문이었다. 즉, 부서간 통폐합과 대폭적인 인원 삭감으로 신인에게 궁정 내의 규칙이나 인간관계를 가르칠 시간과 여유가 없어졌으며, 업무에 지장이 생기기 시작하였다. 쇼와 천황의 철저한 합리주의가 오히려 궁정의 '상식'을 체득하고 있는 화족 출신자의 중용을 초래한 것이다.

쇼와 천황의 철저한 합리주의 정책의 영향은 이뿐만이 아니었다. 메이지 시대의 시종 대기소는 알현을 기다리는 정치가나 군인들이 시간을 때우는 장소이면서, 동시에 시종들과 귀중한 정보를 교환하는 장이었다. 그런데 궁정의 합리화가 진행됨에 따라 시종들의 표면적인 작업 능률은 올랐지만, 반면에 정부 요원들과의 교류는 뜸해져서 외부의 정보는 차단

되고 말았다.

바야흐로 제2차 세계대전으로 돌입하고 쇼와 천황은 측근과 함께 정치 기구에서 점차 고립되었다.

쇼와 20년(1945) 5월 26일, 미명에 공습으로 메이지 궁전은 전소했다. 이 책의 무대가 된 각방들은 흔적도 없이 사라졌다. 천황 부처는 쇼와 18년(1943) 1월에 후키아게吹上 어원 안의 '문고文庫'로 거처를 옮겨서 지내다가 종전을 맞았다.

전쟁 후에 신헌법 제정을 위해 일본이 미국과 협의하는 과정에서 화족 제도는 폐지가 확정되었다. 그동안 궁중의 근간을 이뤄왔던 가문과 신분에 의한 시스템이 끝나게 된 것이다. 쇼와 천황은 그때까지 이어져오던 시대착오적인 시스템들을 지속적으로 폐지시킨 장본인이다. 드디어 천황이 바라던 새로운 궁중이 실현된 것이다.

당시 시데하라 내각에서 후생성 대신을 지낸 아시다 히토시芦田均는 이러한 천황의 발언을 일기에 남기고 있다.

전하께서 황실전범 개정의 발의권을 유보할 수는 없는지, 또한 화족 폐지에 관해서도 당상 화족만은 남겨둘 수 없는지에 대해 말씀하셨다는 보고를 받았다.

_《아시타 히토시 일기芦田均日記》제1권

화족 제도의 폐지는 구 가신에게 물심양면으로 원조를 기대할 수 있는 다이묘 화족이나 사쓰마 번 그리고 조슈 번 문벌 등을 통해서 정재계에 두터운 인맥을 갖는 훈공 화족, 탄탄한 경제 기반을 갖는 재벌 화족과는 달리 당상(공가) 화족에게는 크게 불리하다. 천황만이 공가 화족을 지켜줄 수 있었다.

그렇다고는 하지만 쇼와 천황의 '당상 화족만은'이라는 발언은 실로 의미심장하다. 모친인 황태후 사다코와 대립하면서까지 궁정 개혁을 해온 쇼와 천황이지만, 그 내면에는 궁중에 면면히 이어져온 신분 시스템이 살아 있었다는 이야기가 된다. 결국 개혁의 마지막 단계에 걸림돌이 된 것은 천황 자신이었다.

쇼와 천황의 발언은 각의에 올라가기는 했지만 이와타 주조岩田宙造 사법성 대신과 같은 사람들의 반대로 결국 미국 측에 전달되지 않고 끝났다.

메이지 천황이 그렇게까지 인내하면서 지키고자 한 전통은 이렇게 소멸되었다. 그와 함께 궁중에서 많은 사람들이 사라졌다. 궁가나 화족들, 그리고 어렸을 때부터 궁정에 출입하며 때로는 천황에게조차 꾸지람을 할 정도로 막강했던 가족과도 같은 신하들도 사라졌다.

넓고 넓은 궁전의 숲 속에 황실만이 덩그러니 남게 되었다.

메이지 천황과 근대 천황제

신명호

메이지 천황은 교토에서 태어났다. 구체적으로는 교토 어소 御所 부근의 외가에서 태어났다. 출생 시점은 서력으로 1852년 9월 22일 정오쯤으로, 이 해는 조선의 철종 3년에 해당한다.

출생 후 한 달 만에 입궁한 메이지 천황은 1867년 1월 9일에 열다섯 살 나이로 즉위할 때까지 고메이 천황의 후계자로 훈육되었다. 이 당시 메이지 천황의 하루하루는 명실상부하게 전통을 따랐다. 그 같은 상황은 1868년 초까지 크게 변하지 않고 지속되었다. 즉위 직후의 메이지 천황은 아무런 실권이 없는 상징적 천황에 불과했기 때문이다.

하지만 1868년 초, 이른바 유신을 통해 메이지 천황은 실권을 장악한 근대 천황이 되었다. 유신을 전후로 메이지 천황의 하루는 크게 바뀌었다. 유신 이전 메이지 천황의 하루는 상징 천황으로서의 하루였다. 하지만 유신 이후 메이지 천황의 하루는 실권을 장악한 근대 천황으로서의 하루였다. 이런 변화는 메이지 천황과 하루코 황후가 교토 어소에서 도쿄 황거皇居로 옮겨 정착한 후 더 확대되었다.

원래 도쿄의 황거는 에도 시대 쇼군이 머물던 성이었다. 이곳을 메이지 천황이 접수하여 황거로 개조하였는데, 이 과정에서 전통적인 교토 어소와는 또 다른 공간 구성 및 건물 형태가 나타났다. 예컨대 교토 어소는 외전이나 내전 할 것 없이 모두 전통 건물인데 비해, 도쿄 황거의 외전에는 서양식 건물들이 많이 들어섰다. 그 이유는 메이지 천황의 근대성을 상징하기 위해서였다. 하지만 내전은 여전히 전통 건물이 중심이었으며, 그것은 메이지 천황의 전통성을 보존하기 위해서였다.

전통적으로 교토 어소의 내전을 오奧라고 불렀고, 외전은 표表라고 했다. 내전 오와 외전 표는 엄격하게 구분되었다. 교토 어소의 내전 오를 대표하는 건물은 어상어전御常御殿이었다. 천황을 위한 오는 천황 어상어전이었고, 황후를 위한 오는 황후 어상어전이었는데 이는 따로 있었다.

반면 교토 어소의 외전 표를 대표하는 건물은 어학문소御學問所와 정전이었다. 어학문소는 천황이 공부하거나 신료들을 접견하는 건물로서 조선의 궁궐로 치면 편전에 해당했다. 교토 어소의 정전은 자신전紫宸殿으로서 조선의 궁궐로는 정전이었다.

그런데 도쿄 황거에서는 천황의 어상어전과 황후의 어상어전이 한 구역에 통합되어 나이기內儀로 불렸다. 이 나이기를 중심으로 남쪽 방향에 외전인 학문소와 궁전이 건설되었고, 북쪽으로는 이른바 궁중 3전宮中三殿이 건설되었다. 궁중 3전은 신전神殿, 현소賢所, 황령전皇靈殿을 지칭하는데, 신전은 천황가와 관련 깊은 혼령들을 모신 곳이었고, 현소는 천황의 정통성을 상징하는 삼종삼기三種神器(거울, 칼, 곡옥)를 모신 곳이었으며, 황령전은 천황가의 조상들을 모신 곳이었다. 따라서 도쿄 황거에서 이루어지는 천황의 하루하루를 통합적으로 파악하려면 내전 오와 외전 표는 물론 궁중 3전에서의 하루까지 두루 살펴볼 필요가 있다.

《천황의 하루》에서는 메이지 천황이 나이기를 중심으로 하는 내전 오와 학문소를 중심으로 하는 외전 표에서 어떻게 하루하루 생활했는지 세밀하게 묘사하고 있다. 따라서 《천황의 하루》의 명실상부한 주인공은 메이지 천황 한 명이다. 반면 조연은 많다. 나이기에서는 황후 하루코를 중심으로 여관, 시종직 출사, 애완견 등을 비롯하여 학문소에서의 시종직, 고위 관료 등이 그들이다. 그중에서도 핵심적인 조연은 황후 하루코, 여관 그리고 시종직 출사이므로 이들의 삶 역시 메이지 천황의 삶과 더불어 좀 더 살펴볼 필요가 있다.

메이지 천황의 출생과 전통적 후계자 교육

메이지 천황의 생모는 고메이 천황의 후궁이었다. 이에 메이지 천황은 출생 후에 황태자가 아닌 황자皇子로 불렸다. 관행에 따라 교토 어소 부근의 외가에서 태어난 메이지 천황의 양육 문제는 주로 외조부와 외조모가 관장하였다.

예컨대 유모, 몸종 또는 시녀들을 고르는 일은 외조부가 관장하였고, 양육에 직접 관련된 일들은 외조모가 주도하였다. 뿐만 아니라 외가에서 태어난 메이지 천황이 한 달 뒤 교토 어소로 입궁할 때, 외조모는 양육 책임자인 부어傅御의 자격으로 입궁하여 다섯 살이 될 때까지 함께 살았다. 이처럼 출생 직후 메이지 천황의 양육 및 교육은 외조부와 외조모가 관장하였는데, 구체적인 내용은 표 1과 같다.

메이지 천황이 태어났을 때, 고메이 천황의 정실부인인 준후准后 구조 아사코九條叔子에게는 아들이 없었다. 이 때문에 메이지 천황은 비록 후궁의 아들로 태어났지만 고메이 천황의 후계자로 간주되었다. 고메이 천황의 후계자로서 메이지 천황은 황자, 저군儲君, 친왕親王을 거쳐 즉위하였다. 메이지

표 1 출생 직후 메이지 천황의 양육과 훈육 담당자들

종류	인원	역할	비고
부어傅御	1명	교육 전반 담당	외조모 본인
상알대上臈代	1명	시중 담당	외가 출신
고여방雇女房	5명	양육 전반 담당	외조부가 선발
가중伽衆	3명	이야기 담당	외조부가 선발
유지乳持	1명	수유 담당	외조부가 선발
하유지下乳持	1명	수유 담당	외조부가 선발
중거仲居	2명(총 14명)	음식 등 시중	외조부가 선발

천황은 각각의 과정에 따른 후계자 교육을 받았는데, 황자 시절에는 특히 외조모의 역할이 컸다.

다섯 살 되던 해에 외조모가 교토 어소를 나간 후, 메이지 천황은 생모의 거처에 머물렀다. 그 결과 양육과 교육 역시 주로 생모가 담당하게 되었다. 하지만 공식적으로 어소를 떠난 외조모가 그후로도 자주 입궁하여 메이지 천황을 만남으로써 여전히 교육에 관여하였다. 따라서 메이지 천황은 출생 후 다섯 살까지 외조모가 교육을 주도하였고, 그후에는 생모가 교육을 주도하고 외조모가 보좌하는 형식으로 바뀌었다. 이런 구조는 메이지 천황이 일곱 살이 되어 공식적인 교육을

받을 때까지 지속되었다.

메이지 천황의 공식교육은 습자와 독서, 즉 쓰기와 읽기로 구성되었고 사범師範이 담당하였다. 한편 메이지 천황은 일고 여덟 살 즈음부터 생부 고메이 천황 그리고 여관 등으로부터 비공식적으로 와카和歌 교육을 받았다. 비공식적인 와카 교육은 메이지 천황이 열다섯 살에 즉위할 때까지 10년 가까이 지속되었다. 이렇게 메이지 천황의 후계자 교육에서 드러나는 특징은 개인 사범이라고 하는 공식 교육 이상으로 부어, 생모, 생부, 여관 등에 의한 비공식 교육이 중요했다는 사실이다.

메이지 천황은 여덟 살이던 1860년 7월 10일에 저군으로 결정되었고, 동시에 준후准后의 실자實子가 되었다. 즉 메이지 천황은 여덟 살 때 후궁의 아들에서 정실의 아들이 되었고 그와 동시에 황자의 신분에서 저군의 신분으로 바뀐 것이다. 메이지 천황은 준후의 실자가 되면서 거처도 준후의 거처로 옮겼다. 일곱 살부터 공식적으로 후계교육을 받기 시작한 메이지 천황이 열다섯 살에 즉위할 때까지 학습한 교재는 다음과 같았다.

메이지 천황이 즉위할 때까지 받은 후계자 교육은 쓰기, 와카 짓기 그리고 유교 경전 읽기로 요약된다. 이는 에도 막부 시대 천황을 위한 교육과 다를 것이 없었다. 예컨대 에도 막부 시대 천황의 역할을 규정한 《금중병공가제법도禁中幷公家諸

표 2 즉위 이전 메이지 천황의 학습 교재

연령	교재	교재 내용
일곱 살	《효경》	효도에 관한 유교 경전
여덟 살	《대학》《중용》	사서로 꼽히는 유교 경전
아홉 살	《중용》《논어》	사서로 꼽히는 유교 경전
열 살	《논어》	사서로 꼽히는 유교 경전
열한 살	《논어》	사서로 꼽히는 유교 경전
열두 살	《논어》	사서로 꼽히는 유교 경전
열세 살	《논어》《맹자》	사서로 꼽히는 유교 경전
열네 살	《맹자》《모시》	《모시》는 삼경의 하나로 꼽히는 유교 경전

法度》에 "천자가 배워야 할 여러 예능에서 첫 번째는 학문이다. 학문을 배우지 않으면 옛 도에 어둡다. 그래서 능히 태평에 이른 자가 없었다. 《정관정요貞觀政要》는 훌륭한 글이다. 관평寬平 때의 유계遺誡에는, 비록 경전과 역사를 궁구할 수 없지만 《군서치요群書治要》를 송습誦習할 수는 있다고 하였고, 와카는 고코 천황 때부터 끊어지지 않았으며, 와카는 비록 노랫말이지만 우리나라의 습속이니 버려둘 수 없다고 하였다. 수록된 《금비초禁秘抄》는 전심으로 학습할 것이다"라고 규정했는데, 메이지 천황이 교토 어소에서 받은 후계자 교육이 바로 그것이었다. 그 이유는 물론 메이지 천황이 즉위하던 1867년

초까지 천황은 여전히 상징적인 존재였을 뿐 권력은 여전히
에도 막부의 쇼군에게 있었기 때문이었다.

메이지 천황과 근대 천황제

1867년 12월에 이른바 '대정봉환大政奉還'이 있었다. 에도 막
부의 쇼군이 메이지 천황에게 권력을 되돌린 것이 대정봉환
이었다. 이는 일본의 역사에서 획기적인 사건이었다. 가마쿠
라 막부 시대부터 에도 막부 시대까지 8백 년 가까이 권력에
서 소외되었던 천황이 갑자기 권력을 잡았기 때문이다. 대정
봉환 이후 메이지 천황은 종교적 권위는 물론 세속적 권력까
지 장악한 최고 권력자가 되었다.

대정봉환이 이루어지기까지 일본은 10여 년 이상 격심한
혼란을 겪었다. 1853년 6월 3일, 미국의 페리 제독이 네 척의
함선을 이끌고 도쿄 앞바다에 입항했다. 페리 제독은 일본과
수호통상을 요구하는 미국 대통령의 국서를 휴대하고 있었
다. 페리 제독의 출현은 에도 막부를 발칵 뒤집어 놓았다.

에도 막부는 전쟁을 해서라도 페리 제독의 요구를 거절해
야 한다는 쇄국파와, 전쟁을 해봐야 이길 수 없으니 요구를
들어주어야 한다는 개항파로 갈렸다. 스스로 결론을 내리지
못한 에도 막부는 전국의 영주들에게 의견을 구했다. 영주들

역시 개항파와 쇄국파로 갈렸다.

결국 에도 막부는 고메이 천황에게까지 의견을 구했다. 천황의 권위를 빌리려는 생각이었다. 고메이 천황은 개항에 절대 반대였다. 개항으로 서양의 문화가 들어오면 신국神國 일본이 더럽혀질 것이라고 생각했다.

미국의 페리 함대에 이어 8월에는 러시아 함대 네 척이 나가사키에 입항했다. 에도 막부의 입장에서는 쇄국을 고집하기가 더욱더 어려워졌다. 쇄국을 유지하기 위해서는 미국, 러시아 등과 전쟁을 각오해야 하는데 자신이 없었다. 1854년 3월, 에도 막부는 고메이 천황과 논의도 없이 미국과 가나가와에서 수호조약을 체결했다. 이로써 일본은 서구열강에 문호를 개방하게 되었다.

에도 막부의 개항 결정은 격심한 저항을 불러왔다. 당장 고메이 천황이 강력한 거부감을 표명했다. 하급 무사들은 에도 막부가 신국 일본을 서양 오랑캐에 팔아버렸다며 막부 타도 운동을 전개했다. 그들은 서양 오랑캐를 몰아내기 위해서는 천황을 중심으로 뭉쳐 에도 막부를 타도해야 한다고 주장했다. 사쓰마 번, 조슈 번 등 거대 번藩들이 동조하면서 이른바 '존왕양이尊王攘夷' 운동은 전국적으로 퍼졌다. 막부파와 천황파 사이에 유혈충돌이 끊이지 않았다.

결국 에도 막부의 쇼군은 권력을 천황에게 되돌려서 궁지에서 벗어나고자 했다. 1867년 10월 14일에 에도 막부의 쇼군은 상서를 올려 대정봉환을 요청했다. 다음 날 에도 막부의 쇼군은 입궁하여 메이지 천황의 허락을 받았다. 그리고 12월 9일에 왕정복고가 정식으로 공포되었다. 이것이 이른바 메이지 유신의 시작이었다.

형식적으로 볼 때 메이지 천황은 1867년 12월의 대정봉환으로 세속적 권력까지 장악했다. 하지만 그것은 어디까지나 형식일 뿐이었다. 일본은 여전히 수백 개의 번으로 나뉘어 있었고, 세속적 권력은 번 지사知事들의 손아귀에 있었다. 대정봉환 이후 메이지 천황은 기왕의 번주藩主를 번 지사로 임명했다. 아울러 번 지사들은 화족華族, 무사들은 사족士族으로 삼아 번 지사와 무사들의 기득권을 인정해주었다. 이름만 바뀌었을 뿐 번 지사나 무사들은 기왕의 특권을 그대로 누렸다. 여전히 번 지사들은 자신의 번 안에서 무사 가신家臣들을 거느렸고 세금을 거두었으며 군대를 징발했다.

반면 메이지 천황에게는 직속된 토지나 인민이 없었다. 군대도 없었고 자금도 없었다. 이런 상태로는 천황 주도의 유신이 성공할 수 없었다. 전국의 토지와 인민을 천황이 직접 장악해야 군대와 자금을 직접 장악할 수 있었다. 그것은 폐번廢藩, 즉 번을 폐지함으로써만 가능했다. 하지만 번을 폐지하는 것은 쉬운 일이 아니었다. 가마쿠라 막부 이래로 8백여 년간 일본 사람들은 번주藩主를 주인으로 알고 살아왔다. 비록 쇼군이 있었지만, 실제적으로 세금을 걷고 군대를 징발하는 권한은 번주에게 있었다. 번은 곧 일본 사람들에게 나라였다. 그렇게 8백여 년을 살아왔는데, 갑자기 번을 없앤다면 분명 격심한 반발이 일어날 것이었다. 번 지사들은 기득권을 지키기 위해 반발할 터이고 번에 속한 사람들은 자신들의 나라라고 생각하는 번을 지키기 위해 반발할 것이었다.

천황에게는 그런 반발을 억누를 만한 무력도 없었고 자금도 없었다. 천황에게는 오직 권위와 신성성만이 있었다. 그것만으로는 현실적인 반발을 제압할 수 없었다. 따라서 점진적으로 번 지사들의 권한을 축소시키면서 천황의 권력을 강화할 수밖에 없다는 의견이 많았다. 대부분의 천황 측근들은 그렇게 판단했다.

그렇지만 메이지 유신의 주역 중 일부는 대정봉환 직후부터 폐번을 추진해왔다. 일부 번에서 호응이 나타났다. 그러나 대부분의 천황 측근들은 아직도 시기상조라고 생각했다. 이른바 웅번雄藩들이 폐번치현을 요구하지 않기 때문이었다. 폐번치현이 성공하려면 웅번들이 찬성해야 가능했다. 1870년 12월, 메이지 천황의 핵심 측근인 이와쿠라 도모미는 당시의 대표적인 웅번인 사쓰마 번, 조슈 번, 고지 번을 방문하여 폐번치현의 협력을 약속받았다. 이로부터 폐번치현 논의는 급

물살을 탔다. 마침내 1871년 7월 14일, 메이지 천황은 폐번치현의 조칙을 선포했다. 폐번치현은 8백여 년간 지속되던 막부 체제의 종말이자 지방분권체제의 종말이었다. 일본은 군현제에 의해 명실상부한 중앙집권체제로 탈바꿈했다. 그 체제의 정점에 메이지 천황과 하루코 황후가 있었다.

하루코 황후와 궁중 개혁

하루코 황후는 1849년 4월 17일에 태어났다. 1852년에 태어난 메이지 천황보다 세 살 연상이었다. 하루코 황후는 어려서부터 미모와 지성을 두루 갖춘 여성으로 소문이 자자했다. 그래서 메이지 천황의 아버지인 고메이 천황이 미리 태자비 감으로 점지했다고 한다.

일본 천황의 배우자는 전통적으로 5섭가五攝家라고 하는 가문에서 선발되었다. 5섭가는 가마쿠라 막부 시대 이래로 황후를 배출하던 최고의 다섯 개 가문이었다. 일조一條, 이조二條, 구조九條, 근위近衛, 응사鷹司의 다섯 개 가문이 5섭가인데, 하루코 황후는 일조 가문 출신이었다.

고메이 천황이 1866년 12월 25일에 세상을 떠난 후, 메이지 천황은 1867년 1월 9일에 천조踐阼 의식을 치르고 천황에 올랐다. 그때 메이지 천황은 열다섯 살이었다. 천조 의식 이후 몇 달 동안 메이지 천황은 치상에 전념했다. 49재가 끝날 즈음 메이지 천황의 혼인 문제가 거론되기 시작했다.

메이지 천황의 배우자 선정은 외조부가 주도하였다. 메이지 천황의 외조부는 하루코 황후에 관련된 평판 등을 두로 조사했다. 조사를 마친 뒤 1867년 4월 하루코 황후를 단일 후보로 결정하였다.

그렇지만 하루코 황후는 곧바로 황후에 책봉된 것이 아니었다. 일단 후궁인 여어어방女御御方에 책봉되었다가, 혼례식을 치른 후 황후에 책봉되었다. 천황의 황후가 애초부터 황후에 책봉되는 것이 아니라 후궁에 책봉된 다음에야 책봉된다는 사실은 황후나 후궁이 신분적인 면에서 그렇게 큰 차이가 나지 않았음을 뜻했다. 천황의 배우자는 황후이든 후궁이든 기본적으로 5섭가 출신이기 때문이었다.

그 결과 황후는 어느 후궁이나 승진해서 올라갈 수 있는 자리에 불과했다. 사실 대부분의 천황은 아예 황후를 책봉하지 않기도 했다. 메이지 천황의 부친인 고메이 천황도 그랬다. 고메이 천황의 정실부인인 구조 아사코는 황후에 책봉되지 못하고 후궁 중에서 최고인 준후에 머물러야 했다. 준후는 말 그대로 황후 다음이라는 뜻으로서 엄격히 따지면 후궁이었다.

하루코 황후는 입궁하고 채 3개월도 되기 전에 메이지 천황과 이별했다. 메이지 천황 혼자서 도쿄로 옮겨갔기 때문이었다. 1869년 3월 7일(양력), 메이지 천황은 교토를 떠나 도쿄로 갔다. 그로부터 7개월쯤 지난 뒤, 하루코 황후도 도쿄로 옮겨 갔다. 1869년 10월 24일 정오, 도쿄 황거에 도착한 하루코 황후는 학문소에서 메이지 천황과 재회했다. 이날부터 하루코 황후의 도쿄 황거 생활이 시작되었다.

메이지 천황과 하루코 황후의 새로운 거처가 된 도쿄 황거에도 메이지 유신의 격변이 휘몰아쳤다. 궁중 개혁을 밀어붙인 사람은 사이고 다카모리西鄕隆盛였다. 수백 년의 막부 시대 동안 천황은 황거에 갇힌 채 살아왔다. 천황은 소수의 공경과 여관들에 둘러싸여 있었다. 공경과 여관들은 천황을 둘러싼 인의 장막과도 같았다.

사이고 다카모리는 일본을 강대국으로 끌어올리려면 메이지 천황이 강한 지도자가 되어야 한다고 생각했다. 그러려면 천황 주변의 나약한 공경과 여관들을 숙청하고 강건한 사람들로 대체할 필요가 있었다. 그것은 곧 8백 년 이상 지속되어 온 궁중 전통을 혁파하는 일이기도 했다.

사이고 다카모리는 궁중개혁의 필요성을 메이지 유신 주역들과 논의했다. 아울러 메이지 천황의 핵심 측근인 이와쿠라 도모미岩倉具視와도 논의했다. 모두 찬성이었다. 사이고 다카모리는 논의를 거쳐 궁중 개혁안을 구상했다. 그 요지는 종래에는 공경만이 천황의 측근 시종이 될 수 있었는데, 앞으로는 사족도 측근 시종이 될 수 있게 한다는 것이었다. 인적 쇄신은 공경만 해당하는 것이 아니었다. 여관들 역시 대대적인 인적 쇄신을 겪었다.

일본의 여관은 천황과 황후의 일상생활에 필요한 육체노동을 제공하는 여성 관리였다. 조선으로 치면 궁녀에 해당했다. 하지만 일본의 여관과 조선의 궁녀는 전혀 달랐다. 무엇보다도 신분이 달랐다. 조선의 궁녀는 근본적으로 내수사 소속의 노비 출신이었지만, 일본의 여관은 공경의 딸들이었다. 따라서 일본의 여관은 명색만 여관이지 실제로는 후궁도 될 수 있었고 황후도 될 수 있었다. 신분적으로 여관은 후궁이나 황후와 다를 것이 없었다. 그래서 일본에서는 천황의 황후도 처음에 여관으로 시작했다.

사이고 다카모리는 여관을 공경의 딸들이 독점하던 전통을 개혁하여 사족의 딸들도 여관이 될 수 있게 하였다. 이에 따라 여관은 신분에 따라 크게 세 가지로 구분되었다. 최상층의 여관인 상시, 전시, 권전시에는 이전처럼 공경의 딸들이 임명되었다. 이들은 마치 조선의 지밀궁녀들과 같이 천황의 침실을 지키는 일을 했다. 하지만 상시, 전시, 권전시는 지밀호위만 하는 것이 아니라 천황의 밤시중도 들었다. 사실상 천황의 후궁이었다.

상시, 전시, 권전시 다음으로는 장시, 권장시가 있었다. 이들은 황후의 침실을 지키는 일을 했다. 황후의 지밀궁녀였던 셈이다. 장시와 권장시로 있다가 천황의 승은을 입게 되면 권전시 또는 전시로 승진했다. 장시와 권장시도 기본적으로 공경의 딸들이었다. 따라서 넓게 보면 상시로부터 권장시까지는 명색은 여관이지만 사실은 천황의 후궁이기도 했다.

장시, 권장시 다음으로 명부, 권명부, 여유, 권여유, 잡사, 하사가 있었다. 잡사, 하사는 가장 하급의 여관으로 일상적인 잡무를 맡았다. 여유, 권여유는 천황과 황후의 음식, 의복, 기호품 등을 준비하거나 정리하는 일을 맡았다. 여유부터 하사까지는 주로 사족 출신의 여성으로 충당했다. 명부, 권명부는 권장시 이상의 여관과 여유 이하의 여관 사이를 중개하는 일을 맡았다. 출신은 주로 불교 사원이나 신도 신사神社에 딸린 집안의 딸들이었다.

불교 사원이나 신도 신사에 딸린 집안의 딸들이 명부, 권명부가 되어 권장시 이상의 여관과 여유 이하의 여관 사이를 중개한 이유는 권장시 이상의 여관이 신성시되었기 때문이었다. 물론 권장시 이상의 여관 스스로가 신성시된 것이 아니라 그들이 모시는 천황과 황후가 신성시되었기에 그들 역시 신성시되었다. 명부, 권명부는 종교인의 자격으로 신성시된 권장시 이상과 접촉할 수 있었다. 이런 면에서 천황과 황후는 다분히 종교적 신성성을 갖는 존재라고 할 수 있다.

이처럼 일본의 여관은 공경 출신, 종교계 출신 그리고 사족 출신의 세 신분으로 구성되어 있었다. 이 중에서 공경 출신과 종교계 출신의 여관들을 고등여관이라고 했고, 사족 출신의 여관들을 하등여관이라 했다. 고등여관은 크게 보아 후궁에 속하는 상시부터 권장시까지의 부류와 그 이외의 부류인 명부, 권명부로 구분되었다. 하등여관은 명실상부한 궁중의 여성일꾼이었다.

사이고 다카모리는 사족 출신도 여관이 될 수 있게 했을 뿐만 아니라 여관들 사이에 존재하는 차별도 타파하려고 했다. 즉 사족 출신의 여관도 능력만 있으면 명부, 권명부를 지나 장시, 권장시도 될 수 있도록 했다. 다시 말해 사족 출신의 여관도 능력에 따라 후궁이 될 수 있게 한 것이었다. 하지만 실제 그렇게 된 일은 거의 없었다. 특이하기 짝이 없는 천황가의 문화 때문이었다.

황거에는 고대 율령제 때부터 전해오던 말투, 예의범절, 풍속 등이 있었다. 이런 것은 개혁 대상이 될 수 없었다. 그것은 만세일계의 천황가에 대대로 전승되는 고유문화였다. 사족 출신의 여관은 개인적으로 아무리 총명하고 유능하더라도 황거의 말투, 예의범절을 익히는 데 오랜 세월을 소비해야 했다. 익숙해질 만하면 이미 좋은 나이를 넘기곤 했다. 반면 공경 가문 출신의 여관들은 입궁하기 전부터 황거의 말투와 예의범절에 익숙해 있었다. 황거 안에서 사족 출신의 여관과 공경 가문 출신의 여관은 경쟁이 되지 않았다.

여관과 함께 궁중 개혁의 대상이 된 존재는 나아주라고 불리는 시종직 출사였다. 이들은 천황의 내전과 외전을 연결하는 임무를 맡았는데, 공경 가문 출신의 10세 전후의 소년들이었다. 이들의 역할은 근본적으로 조선의 환관과 같았지만 신체적으로 환관이 아니었다는 점에서 차이가 있다. 공식적으로 나아주는 1889년에 폐지되었지만 황거에는 나아주 출신이 여전히 존재하며 활동하였다.

1912년 세상을 떠날 때까지 도쿄 황거에 머문 메이지 천황의 하루는 한국의 근대사와도 불가분의 관계를 갖고 있다. 강화도조약을 위시하여 청일전쟁, 아관파천, 을미사변, 러일전쟁, 을사조약, 대한제국 병탄 등이 메이지 천황의 도쿄 황거 생활 중에 있었다. 그러므로 본 책에서 보여주는 메이지 천황의 평범한 일상은 한국의 비극적인 근대사와 직결된다는 면에서 꼭 알아야 할 일상이기도 하다.

그런데 저자의 머리말에 의하면, 그는 제대로 된 황궁 시스템을 알고 싶어서 메이지 천황의 일상을 살펴보았다고 한다. 따라서 이 책의 가치는 그동안 잘 알려지지 않았던 메이지 천황의 평범한 일상을 잘 보여준다는 데 있다.

하지만 메이지 천황의 평범한 일상을 통해 나타나는 황궁 시스템은 궁극적으로 궁중 3전과 정전에까지 연결될 때에만 완성될 수 있는데, 본 책은 이것이 빠졌다는 점에서 아쉬움이 남는다. 그럼에도 불구하고 그동안 잘 알려지지 않았던 메이지 천황의 평범한 일상을 잘 보여준다는 점에서 본 책이 큰 가치를 가진다는 사실에는 변함이 없다.

신명호

강원대학교 사학과를 졸업했다. 한국정신문화연구원에서 《조선 초기 왕실편제에 관한 연구》로 박사 학위를 받았다. 한국학중앙연구원 장서각 선임연구원, 국사편찬위원회 편사연구사를 역임했으며, 현재 부경대학교 사학과 교수이자, 궁중 생활상 재현 전시 자문위원이다. 오랫동안 조선시대의 왕과 왕실 문화를 연구해왔으며, 지은 책으로 《조선왕비실록》 《왕을 위한 변명》 《조선의 왕》 《조선왕실의 의례와 생활, 궁중 문화》 《조선왕실의 자녀교육법》 《조선의 궁궐에서 일했던 사람들, 궁》 《황후 삼국지》 등이 있다.

최근 천만 관객을 돌파하며 화제에 오른 영화가 있다. 바로
〈광해, 왕이 된 남자〉이다. 과거의 역사를 소재로 한 사극은
무겁고 딱딱하여 자유로운 스타일을 선호하는 젊은 세대에게
는 자칫 지루하게 느껴질 수 있다. 〈광해, 왕이 된 남자〉가 젊
은 세대의 입맛을 맞추며 인기를 끌 수 있었던 요인으로는 여
러 가지를 들 수 있겠지만, 그중 가장 큰 것은 역시 신격화된
카리스마의 아이콘인 왕이 보여주는 인간적이고도 친근한 면
이 아니었을까 한다. 비록 영화에서는 왕 자신이 아니라 하선
이라는 대역을 통해서 인간적인 면을 펼치는 것으로 되어 있
지만, 왕이 허겁지겁 음식을 먹고 요란스럽게 용변을 보고 신
발을 벗어 던지며 중전의 손을 잡고 궁 안을 뛰어다니는 모습

등에서 많은 사람들은 왕의 권위가 무력화되는 통쾌함을 맛보고 인간적인 친밀감을 느꼈을 것이다.

　과거의 제왕은 모든 것을 휘하에 두고 호령하는 절대적인 권력의 상징이었다. 하지만 그러한 제왕의 절대 권력은 주권이 국민에게 있는 현대인들은 더 이상 관심의 대상이 아니다. 오히려 현대인들에게는 그러한 절대 군주로서의 위엄 뒤에 숨어 있는 인간적인 면에 더욱더 끌린다. 제왕이라는 코드는 현대 문화 속에서 동경의 대상으로서가 아니라 온갖 격식에 얽매여 자유로운 삶을 포기해야 하는 연민의 대상으로 표상되고 있다.

　최근 이웃 나라 일본에서도 천황에 대한 재인식의 움직임이 일어나고 있다. 사실 일본의 천황제는 세계에서 가장 긴 역사를 자랑하는 군주제도로, 고대와 근대, 현대의 시대적인 변화를 모두 거쳤으며, 제2차 세계대전 패전 직후에 연합군으로부터 천황제 폐지를 명령받았을 때도 국민들의 전폭적인 지지로 존속되었다. 인간 선언으로 상징적인 존재가 되기는 하였지만, 천황이 여전히 일본인의 마음속에서 매우 중요한 위치를 차지해온 것은 잘 알려진 바이다. 그런데 그러한 천황제에 대한 의식이 21세기에 들어서 조금씩 변화의 조짐을 보이고 있는 것이다.

　역자가 유학 생활을 시작한 90년대 초반만 하더라도 일본의 천황은 신비로운 세계 그 자체였다. 텔레비전을 틀면 천황가 사람들의 모습을 간간이 볼 수 있었는데, 일반 뉴스에서만 볼 수 있는 것이 아니라 황실의 근황을 정기적으로 알리는 교양 프로그램―당시에는 '황실 그래피티'라는 제목이었고 그후에는 '황실 일기'라는 제목으로 바뀌었다―이 따로 있었다. 일상의 고단함을 잊고 잠시 여유를 되찾는 일요일 오전 시간대에 아나운서의 차분한 내레이션으로 시작하는 그 프로그램을 보고 있노라면 어느새 마음이 차분해지며 정화되는 느낌이 들었다. 일찍이 군주제가 폐지되고 근대사와 더불어 대통령제로 바뀐 한국인의 감각에서 보면 일본의 천황제는 전근대적인 유물이며 그것을 신봉하는 일본인들이 기이하게만 생각된다. 그런데 막상 일본에 가서 직접 겪어보니 섣불리 폄하하고 희화화할 수 없는 묘한 분위기가 있었다. 천황 주변의 특별한 기운이 국민 한 사람 한 사람에게까지 깊숙이 체화되어 그들을 감싸고 있는 공기 전체가 다소곳하고 숙연한 분위기로 고정되어 있다고나 할까.

그러한 일본인들의 독특한 분위기 속에서 외국인으로서는 오히려 천황가의 인간적인 측면이 궁금해졌다. 황족은 매일 지정된 장소에서 지정된 공무를 하고, 말할 때도 '황실의 리듬'으로 천천히 정중한 어조로 말한다. 가끔씩 국내외의 기자들이 대답하기 곤란한 질문을 던져도 황족은 만면에 부드러운 웃음을 띠고 '황실의 미소'를 유지한다. 예를 들면, 더운 여름에 행사에 참석한 경우에도 덥다는 표정을 짓거나 부채질을 하거나 혹은 땀을 닦거나 하는 모습은 전혀 찾아볼 수 없다. 황실 사람들은 땀이 나지 않도록 또 중간에 용변을 보지 않도록 행사에 참석하기 다섯 시간 전부터 물도 일절 마시지 않는다는 얘기를 들었다.

일본국 헌법에는, 천황을 일본국과 일본 국민통합의 상징이라고 규정하고 있어서 천황 및 황족이 최상의 대우를 받는 것은 지극히 당연한 것으로 되어 있다. 황실의 호위만을 전문으로 하는 황궁경찰본부가 있고, 천오백 명에 달하는 궁내청 직원이 황실의 모든 생활을 관리하며, 황족에게는 소득세 납부 의무도 면제된다. 천황 및 황족은 말하자면 갖가지 국가의 특혜를 받는 세습제의 '고위직 국가 공무원'이라고 해도 과언이 아닌데, 그만큼 그들이 포기해야 하는 인간적인 삶 또한 크다는 생각이 들었다.

그러한 일본 황실 사람들의 인간적인 삶에 주목하게 된 결정적인 계기가 있었다. 결혼이 늦어진 나루히토 황태자가 오와다 마사코라는 평민 여성을 배우자로 선택하여 황실로 들이기로 한 것이다. 하버드 대학교를 졸업한 재원으로 유능한 외교관이었던 그녀는 현대인이 보기에 그야말로 잘나가는 커리어 우먼이었다. 단정하면서도 세련된 옷차림에 빠른 걸음으로 시원시원하게 걸어가는 모습은 보통 텔레비전에 나오는 정치인들이나 연예인들과는 사뭇 다른 신선함마저 풍겼다. 황태자는 그러한 활동적인 신세대 여성과 1993년 초여름에 메이지 신궁에서 혼례식을 치렀는데, 그 의식은 다름 아닌 헤이안 시대부터 내려오는 궁중의 전통적인 방식이었다. 한창 자신의 꿈을 향해 나아가던 여성이 하루아침에 천 년이 넘게 이어져 내려온 격식에 사로잡힌 황실 사람이 되어 평생을 정해진 일만 하게 된 것이다.

그러한 마사코 황태자비가 최근에 황손 출산을 둘러싸고 궁내청과 대립하고 급기야는 공식 석상에 모습을 드러내지 않는 사태까지 이르렀다고 한다. 그 소식을 접하면서 다시 한 번 현대의 생활과는 너무 동떨어진 전통과 인습 속에서 평생을 살아야 하는 일본 황실 사람들의 운명에 대해서 생각하게 되었다. 그리고 왜 일본은 천황제를 쉽사리 포기하지 못할까 하는 의문도 다시금 떠올리게 되었다.

요즘 일본에서도 그러한 의문을 갖는 사람들이 점점 늘어나서 일본의 출판계와 언론계에서는 현 천황제의 직접적인 근간이 되는 메이지 시대의 황실 시스템에 대한 조명이 그 어느 때보다도 활발하게 이루어지고 있다. 그중에서도 이 책 《천황의 하루》는 여성 특유의 섬세하고 편안한 필치로 메이지 황실의 내부를 알기 쉽고 재미있게 서술하고 있어서 이미 많은 일본인들이 읽었다. 쉽게 변할 수 없는 일본 황실의 구조를 구체적이면서도 실증적으로 밝히고 있어 일본인들에게 황실의 의미가 무엇인지, 또 황실의 존립이 꼭 필요한지에 대해서 되짚어보도록 하고 있다.

아울러 한국인에게는 일본 황실 구조의 본질을 제대로 파악함으로써 지금껏 이해할 수 없었던 일본 천황을 둘러싼 논리―예를 들면, 역대 일본 천황이 전쟁에 대한 사과를 왜 속시원하게 못 했는지, 또 아키히토 천황이 한국을 방문하고 싶다고 하면서 왜 실현시키지 못하는지와 같은 문제들―에 대해서도 객관적인 안목을 갖게 하는 기회를 제공할 것이다.

마지막으로 이 자리를 빌려 창의적인 기획력과 강인한 추진력으로 한국인의 지식세계를 선도하는 김영사의 공적에 찬사와 감사의 뜻을 전하고 싶다.

2012년 12월
정순분

주요 인용문헌 목록

《臨時帝室編修局史料 明治天皇紀 談話記錄集成》, 堀口修監修 · 編集 · 解
說, ゆまに書房, 二〇〇三年

《明治天皇紀》, 宮內廳編, 吉川弘文館, 一九六八~七七年

《側近奉仕者座談會 明治大帝の日常を偲び奉る》, 明治神宮崇敬會, 一九
六二年

《昭憲皇太后御坤德錄》, 明治神宮崇敬婦人會編, 一九五四年

《明治天皇の御日常》, 日野西資博, 新學社教友館, 一九七六年

《宮中五十年》, 坊城俊良, 明德出版社, 一九六〇年

〈明治宮廷の思い出〉 園池公致, 《世界》, 第一二九号, 岩波書店, 一九五六
年九月

〈明治のお小姓 續明治宮廷の思い出(一)~(六)〉 園池公致, 《心》, 第十卷

第六, 七, 九, 十, 十二號, 第十一卷第六號

《女官》, 山川三千子, 実業之日本社, 一九六〇年

《宮廷》, 小川金男, 日本出版協同, 一九五一年

《御所ことば》, 井之口有一・堀井令以知, 雄山閣, 一九七四年

《宮廷の生活》, 河鰭實英講演, (社)霞会館 公家と武家文化に關する調査
　　委員会編, 霞會館, 一九九二年

《皇室建築 內匠寮の人と作品》, 鈴木博之監修, 飯田喜四郎監修協力, 內
　　匠寮の人と作品刊行委員会編, 建築畫報社, 二〇〇五年

《昭和天皇と私》, 永積寅彦, 學習研究社, 一九九二年

《昭和初期の天皇と宮中 侍從次長河井弥八日記》, 河井弥八著, 高橋紘・
　　粟屋憲太郎・小田部雄次編, 岩波書店, 一九九三～四年

《ある侍從の回想記》, 岡部長章, 朝日ソノラマ, 一九九〇年

《芦田均日記》, 芦田均, 岩波書店, 一九八六年

《幕末の宮廷》, 下橋敬長著, 羽倉敬尚注, 平凡社, 一九七九年

《天皇さま》, 甘露寺受長, 日輪閣, 一九六五年

《みやび その傳承》, 坊城俊民, 昭森社, 一九八一年

주요 참고문헌 목록

《明治天皇》, ドナルド・キーン著, 角地幸男譯, 新潮社, 二〇〇一年

《明治天皇を語る》, ドナルド・キーン, 新潮社, 二〇〇三年

《入江相政日記》, 入江爲年監修, 朝日新聞社編, 一九九〇年～一九九
　　一年

《牧野伸顯日記》, 伊藤隆, 廣瀨順晧編, 中央公論社, 一九九〇年

《木戸幸一日記》, 木戸日記研究會校訂, 東京大學出版会, 一九六六年

《岡部長景日記 昭和初期華族官僚の記錄》, 岡部長景著, 尚友俱樂部編,
　　柏書房, 一九九三年

《坊城俊章日記 · 記錄集成》, 尚友俱樂部 · 西岡香織編, 芙蓉書房出版,
　　一九九八年

《侍從武官日記》, 四竈孝輔, 芙蓉書房, 一九八〇年

《德川義寬終戰日記》, 德川義寬著, 御厨貴 · 岩井克己監修, 朝日新聞社,
　　一九九九年

《側近日誌》, 木下道雄, 文藝春秋, 一九九〇年

《明治大帝》, 飛鳥井雅道, 筑摩書房, 一九八九年

《貞明皇后》, 入江相政 · 木俣修 · 福田淸人 · 石川數雄編, 主婦の友社, 一九
　　七一年